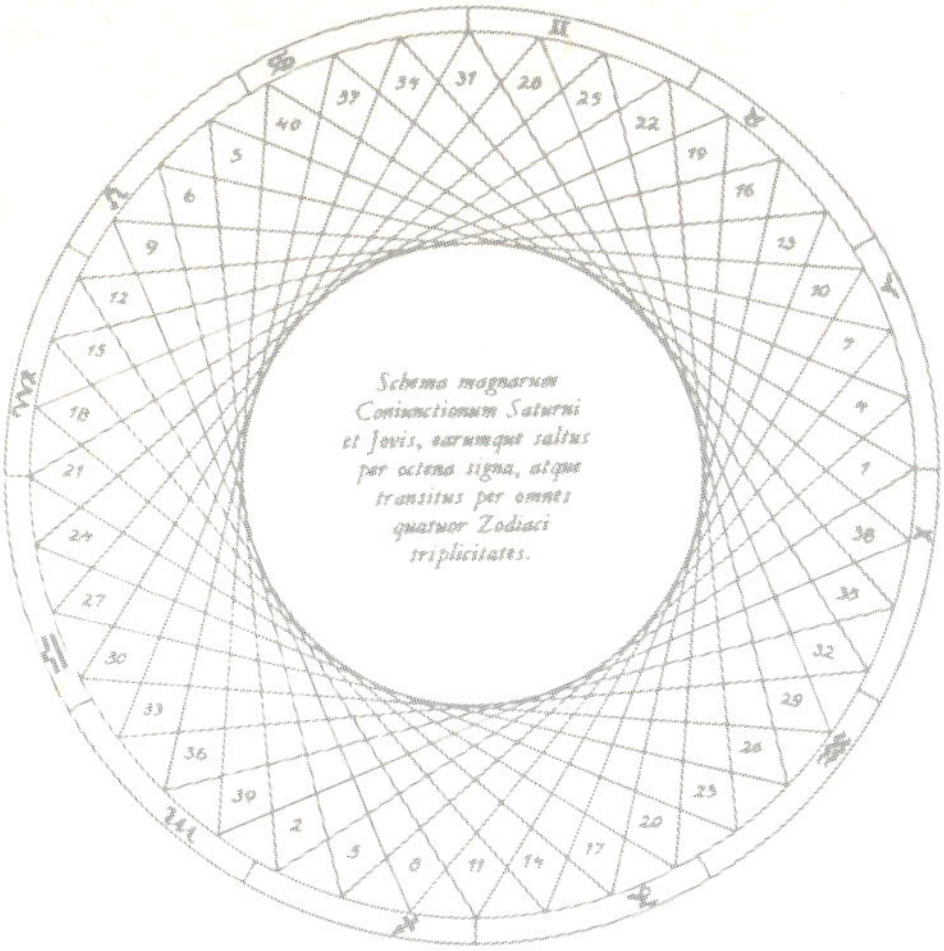

時間の本

Takashi Tachiki
立木鷹志

国書刊行会

時間の本＊目次

時間の本

序　章　時間の謎について

昔、ある国に入る大きな門の前に恐ろしい番人がいて、入ろうとする旅人に謎を掛けていた。謎が解ければ入ることができるが、解けなければ絶対に入れなかった。

体の大きな番人は、黒いもじゃもじゃの鬚髯《しゅぜん》を撫でながら、意地悪そうな笑みを浮かべて言った。

《そいつ》は誰もが持っているけれども、
　誰も掴まえることができない。
すでにいないけれどもまだいて、
　まだいないけれども既にいるもの……。

そして、ぎろりと相手の眼を見つめると、「さて、《そいつ》とは、誰のことかな。答えてみよ」と旅人に迫ったのだった。

旅人は答えられずに、長い槍のような棒で門の前から追い払われ、日の暮れるなかをやむなく別の国へと歩みだすのだった。

ある日のこと、太陽が西の空に姿を隠そうとする薄闇の中から一人の若者が姿を現すと、その大きな門の前に立った。門番は、若者を摑まえると、例の謎をかけた。貧しい学究の徒といった印象の若者は、目蓋を閉じてしばらく考えていたが、

《時間だ！》

と、きっぱりと言い切った。

一瞬、驚いたように眼を見開いた番人は、小さく舌打ちをすると、不機嫌そうに門の扉を開けた。

若者がその門を通り過ぎようとしたとき、番人は若者の後ろから声をかけた。

「この先に何という国があるのか、お前は知っているのか？」

すると、若者は莞然と笑って答えた。

「〝知性の国〟でしょう……」と。

実際、時間とは何かという謎は、古来、形而上学の最も困難で重要な課題とされてきたのである。たとえば、アウグスティヌスの『告白』にも、「ではいったい時間とは何でしょうか。だれも私にたずねないとき、私は知っています。たずねられて説明しようと思うと、知らないのです」（一一巻一四章）と語られている。

われわれは今日を生き、明日、明後日……と生きていく。突然の死に襲われなければ、その次の日も、次の日も、その次の日も、死ぬまで生きているはずである。この時間の流れは、後ろを振り返れば、昨日、一昨日……と、われわれがこの世に生まれるまで続いている。いや、われわれが生まれる前の父母の時代まで時間は遡り、さらには遠い遠い先祖の歴史から宇宙の歴史へと連なっている。われわれが死んだ後も、われわれの住んでいた部屋は残り、友人や子供たちは未来に生きる。われわれ自身も、死後、どうなるのかはわからない。つまり、時間とは、われわれが死んだ後も、過去から未来に永遠に流れていくものだと考えられているのである。ニーチェが言うように、「この後ろへ戻る長い道、それは永遠へと通じている。そして、あの先へと伸びる長い道——それもまた、もうひとつ別の永遠だ」（『ツァラトゥストラはこう語った』第三部「幻影と謎」）と。

しかし、考えてみると、時間が永遠に流れていくというのは、われわれが勝手に想像しているだけのことではないだろうか？　たとえば、私が死んだ後も時間は流れていくというが、それは、今私が生きている世界から自分を消し去って、知人や人びとの残った世界を想像しているだけで、私の眼から見た世界であることに変わりはない。もしそうであれば、私の死んだ後の世界、つまり、私の眼から見たのではない世界に時間が流れているかというと、流れているともいないとも言えないのではないだろうか？　われわれは今日が何事もなく終われば、明日、明後日と生きていくと思っているが、実際に生きているのは、つねに「現在」であって、明日に生きた人は一人もいないし、昨日を生きている人もいない。したがって、死とは「現在」を失うことであると言うことができる。古代ローマ帝国皇帝であり、ストア派の哲学者であったマルクス・アウレリウスが言うように、「たとえ君が三千年生きるとしても、いや三万年生きるとしても、記憶すべきはなんぴとも現在生きている生涯以外の何物をも失うことはないということ、またなんぴとも今失おうとしている生涯以外の何物をも生きることはない、ということである。したがって、もっとも長い一生ももっとも短い一生と同じことになる。なぜなら現在は万人にとって同じものであり、〔したがって我々の失うものも同じである。〕ゆえに失われる時は瞬時にすぎぬように見える。なんぴとも過去や未来を失うことはできない」(『自省録』第二章第一四節)のである。ドイツの哲学者ショーペンハウアーも、また、「現在」について、こう言っている。「過去を生きたことがある人はいないわけだし、未来を生きてみるというような人もけっしていないであろう。現在だけが生きることの形式なのであり、また現在だけが人間からけっして奪い取ることのできない彼の確実な財産なのである。(略)われわれは時間を果てしなく回転する円になぞらえることができる。つねに下に向かっていく半円は過去で、上に向かっていく半円は未

アウグスティヌスは「時間とは何でしょうか。知っているはずのものが、たずねられて説明しようと思うと……」という。

来ということになろう。その頂上の接線の触れる一点は、分割することもできず大きさももたないが、それが現在であろう」（『意志と表象としての世界』第四巻五四節）。

われわれは、「現在」を抜け出して、過去にも未来にもいくことはできず、死を迎えるまで、この「現在」という瞬間しか生きられないということである。イギリスの作家H・G・ウェルズの小説『タイム・マシン』では、十九世紀の冒険家が紀元八十万二七〇一年の未来に時間旅行をし、八十万年未来の花を持ち帰ってくる。この主人公は、一見すると、未来に生きたように見えるが、考えてみれば、主人公自身は、十九世紀という現在から移動して、八十万二七〇一年という現在を生きただけである。

もし、われわれが「現在」しか生きられないとすると、時間が流れていくとはどういうことだろうか？　この世界が時間の流れにしたがっているとすれば、最初の時間はどのように生じてきたのだろうか？

時間の起源について、古代ギリシアのエレア派の哲学者によって提起された《八百年という時間が与えられていても、十四分という限られた時間が流れることはあり得ない》という有名な命題がある。つまり、どんなに長い時間が与えられたとしても、ほんの数分という時間すら流れだすことはないという命題である。その証明を要約すれば、こういうことである。《なぜなら、十四分が経過するには、それ以前に七分間が経過していなければならず、七分間以前に三分半が、三分半以前に一分四十五秒が、というように際限なくつづいて、十四分という時間が流れる発端が定まることは決してないからである》。

これはゼノンの二分法のアポリア（難問）と言われるものであるが、アリストテレスは、この二分法においては、「移動するものは、目的点へ達するよりも前に、その半分の点に達しなければならないがゆえに、運動しない」（『自然学』六巻九章）ことになってしまうと言う。そして、「『時間』は運動ではないが、しかしまた、運動がなければ存在もしない」にもかかわらず、分割不能な時間や運動を分割していくことに、エレア派の論理のパラドクスがあるというのである。ゼノンのアポリアには、さらに有名な《もっとも遅いものでも走っていれば、最も速いものに追いつかれることはない》という「アキレスと亀」の論理がある。たとえば、アキレスは亀より一〇倍早く走ることができ、亀のスタートの位置をアキレスより一〇メートルゴールに近いところから競争を始めたとする。すると、アキレスがその一〇メートルを走る間に、亀は一メートル進むことになる。アキレスがその一メートルを走ると、亀は一〇分の一メートルを進む。アキレスがその一〇分の一メートルを走ると、亀は一〇〇分の一メートル進む。アキレスがその一〇〇分の一メートルを走ると、亀は一〇〇〇分の一メートル進んでいる。さらにアキレスがその一〇〇〇分の一メートルを走ると、亀は一〇〇〇〇分の一メートル進んでいる。同様なことが無限にくりかえされ、アキレスはついに亀に追いつくことができないという論理である。これも、分割不能な時間や運動を分割することで、時間や運動の存在を否定するというものである。

つまり、時間における「現在」とは、幾何学の点が連続して線になるように、現在という瞬間が続いてつくる時間という線の一点ではないのだが、時間を分割されたものの集合と考えることによって、時間の本質を失わせ、時間を殺してしまうということである。アリストテレスが、「『今』は、静止している『点』の場合のような意味では、明瞭ではない。むしろ『今』は、可能的に時間を分割するものである」というとき、瞬間と持続的な時間との関係は、分割された点と線との関係ではなく、一瞬と永遠の関係であると言っているのである。

たとえば、「現在」とは過ぎ去ったもの（過去）でない一点であり、いまだ来たらぬもの（未来）でない一点であるとするなら、点には長さがないのであるから、「現在」が過ぎ去ることも、未来が「現在」になることもない。時間は、固着したまま不動のものとなってしまう。これは、そもそも「流れる時間」という定義とも矛盾するものである。言ってみれば、「現在」とは、「現在」でありながら過ぎ去っているものであり、未だないものでありながら「現在」だということである。つまり、「現在」という点と「過去」あるいは「未来」という点を分割することができないところに、時間が成り立っている。時間は連続していながら断絶し、断絶していながら連続しているのである。

われわれは「現在」しか生きられないと言ったが、その「現在」において、われわれは「現在」が過ぎ去るものであり、まだ来ていないものであることを知っている。現象学の創始者フッサールが言うように、「今の意識」（Jetztbewußtsein）が成り立つとき、そこには、すでに「過去把持」（Retention）作用と「未来把持」（Protention）作用が伴なわれているのである。「現在」において、われわれは、もうない「過去」と関わり、まだない「未来」と関わっているということである。つまり、「現在」しか生きられないとは、「現在」という一瞬の点を線のように連続させて生きているのではなく、「現在」という一瞬が永遠ではないことを知り、そこに断絶があることを知って、「現在」を永遠として生きているということである。ショーペンハウアーが言うように、時間を回転する車輪に譬えるならば、「現在」はその車輪の接点であり、車輪全体が時間なのである。このように時間を車輪に譬える比喩は、古くから使われていたものであり、たとえば、人生や運命の象徴として、タロットカードの「運命の輪」（**la roue de Fortune**）に見ることもできるし、歴史や文学作品にも見ることができる。

人間の運命は車輪のようなもので、くるくると廻りつつ、同じ者がいつまでも幸運であることを許さぬものだ。

（ヘロドトス『歴史』）

因果の車はちょうど一と廻りして、わたしはいちばん下になった、このように。

（シェイクスピア『リア王』）

古代ギリシアの哲学者ヘラクレイトスの有名な「万物流転《パンタレイ》」という言葉も、また、時間について語ったものといえる。いかなるものもひとつにとどまることはできないというこの学説は、時間と同時に存在の本質について語っているもので、それを河の流れに譬えて、「われわれは二度と同じ流れに踏み入れえない」と言ったのである。これは、時間が不可逆であ

「運命の輪」。幸・不幸が次々と入れ替わる人生は回転する車輪であり、時間もまた果てしなく回転する車輪とはいえないだろうか。

ることを述べているのだが、《謎をかける人》といわれたヘラクレイトスは、その一方で、「われわれは同じ河流に入り、また入らない」と、あえて矛盾するようなことも言っている。しかし、この謎は難しいものではない。「同じ河流」といっても、初めの河流は河全体をいっているのであり、あとの河流はその河をつくる水の流れをいっているのである。初めの「同じ河流」とは、時間の車輪であり、後の河流とは車輪の接点である。時間で考えれば、一瞬はつねに過ぎ去っていくが、時間としては続いているということである。「河流」という言葉の二重性は、「時間」でも同じであり、そこには、つねに「一瞬」と「時間全体」（これを「永遠」とか「無限」とか名づけてもよいが）という二重性があるのである。このことは、別の言い方をすれば、「時間」とは、「今という瞬間」が「永遠」と関係するところに生じるものということができる。

　道元の時間も、まさにそのようなものとして捉えられている。

「いはゆる山をのぼり河をわたりし時にわれありき、われに時あるべし。われすでにあり、時さるべからず」。

「時は飛去《ひこ》するとのみ解会《げえ》すべからず、飛去は時の能とのみは学すべからず。時もし飛去に一任せば、間隙《けんぎやく》ありぬべし。有時の道《だう》を経聞《きやうもん》せざるは、すぎぬるとのみ学するによりてなり。要をとりていはば、尽界にあらゆる尽有は、つらなりながら時時なり」。

　この道元の言葉は、時間とは「永遠の今であって、しかも、閉じられず開かれた時」であり、滅して滅しない時、無であって無でない時というものを語っている。つまり、時は過ぎたのではあるが、過ぎたのではない。つらならないのでもなく、つらなるのでもない。時間は、瞬間でありながら、永遠の相を持っているということなのである。

われわれがそのような「時間」において存在しているということは、われわれが、（時間的空間的な）無限を垣間見ながら、ここにある有限性においてしか存在しえないことを意味している。エドガー・アラン・ポオが『ユリイカ』で言っているように、われわれには無限の概念を抱くことはできないが、解決不能な星雲ただよう知的天空の一点に知的視線を向けることだけはできるということである。

＊

エドガー・アラン・ポオは、人間には「無限なるものを考えることはできない」として、「神の何たるかを知るためには、われわれ自身が神とならねばならぬ」と言っている。つまり、「思考の思考たるゆえんは、その限界を承知していることにある」というのである。

ところが、プラトンの流れをくむプロティノスは、われわれは、自己自身の根源に遡ることによって、魂の経験を超えた単一的知性に出会えるが、その知性の根源は多様性を免れた最高原理としての「一者《ト・ヘン》」（τὸ ἕν）にまで遡れるというのである。この一者は、いかなる名前で呼んでも適切ではなく、いかなる区別も持っていない。それに対して、知性は、知る側面と知られる側面があるが、まったく一体となっている。イデアの多数性も、説明のうえで

Tempus erit（時は来たらん）。砂時計を持った時間の神クロノスは、蠟燭の火に象徴される人間の命を消すべき時を死神に教えている。フランシス・クォールズによる寓意図。イギリス、1639年。

は区別されるが、一つのイデアの知が他のすべてイデアの知を含意するような仕方で、知性の知のうちで一体化している。このあり方は「永遠」と言われるが、まったく時間の経過を必要としないような知のあり方として、時間に先立つ、無時間的な永遠なのである。しかし、われわれの魂の活動は、知性の内容を一挙に担うことができないために、時間が必要となってくる。「永遠」とは、「時間」に先立つ無時間的なものであるが、この「永遠」をわれわれの魂が担うときに「時間」が必要とされると言うのである。

したがって、時間は魂とともに生じると言えるのである。

アルゼンチンの詩人で小説家のＪ・Ｌ・ボルヘスは、『永遠の歴史』の中で、「時間は過去から未来へ流れるというのが普通の考え方であるが、それとは逆の、ミゲール・デ・ウナムーノのスペイン語の詩句に定着されている方向のほうが非論理的というわけでもない」と言う。もし時間が、事物の変化（因果関係）によるものではなく、知の「我は我自らを《エディゼーサメーン・》求めたり《エメオーウトン》」（edizēsamēn emeōuton）という活動によるものであるとすれば、最高原理の「一者」から流れくるということも考えられないわけではない。

夜　時間の川は　永遠の
未来であるその源泉から
流れ……

そして、ボルヘスは、時間が過去から未来へ流れゆくのも、未来から現在に流れてくるのも、「どちらの考えも同等に真実らしく——また同等に立証不可能である」と言う。

たしかに、ボルヘスの考えるように、「時間」とは、プラトン的原型、始原的な因子である膨大なイデアがすべて包含され分類された図書館のような永遠界が、一棚ごとに細切れにされて鏡に複写されたものであるとすれば、「時間」は実在しないのかもしれない。あるいは、無限でありながら周期的であるのかもしれない。彼は「文学、そして時に形而上学の難問に捧げてきたわたしの人生の中で、時間の否認を直観または予見したことがある」として、詩集『ブエノスアイレスの熱狂』のなかの「どの墓にも刻まるべき墓誌」や「トゥルーコ遊び」、短編小説集『伝奇集』の中の『八岐の園』で公然とそのことを述べている。評論集『続審問』の中の『新時間否認論』では、時間を否認する者が「新」という時間を肯定した言葉を使うのも妙な話だがと言いながら、「時間否認論」を展開している。そして、その結果、「生涯シェイクスピアの一行にとり憑かれたシェイクスピア気狂いは、シェイクスピアその人ではないのか?」と呟くのである。

だが、実際、「時間」とは何であろうか? そして、「時間がある」とは、何を意味するのだろうか? もう一度、それを考えてみることにしよう。

第一章　絶対時間と内的時間

——時間生成の構造——

「北欧神話によると、この宇宙には眼に見えないイグドラジィルという大樹があって、この樹の梢は蒼穹を支え枝と根は天界地界および地獄を一本に連ねているのだそうですが、私の意見によればこの樹は時間をつかさどる軸です。古代人の目ざましくも美しい想像力は、空間の座標系をぶっちがいに横切る時間の軸にこの樹をなぞらえて、まるで団子に串でもつき通すように森羅万象をこの樹の枝や根でうまく刺しつらぬいていたのに違いありません」。

澁澤龍彥はその最初期の小説『撲滅の賦』で、こんな美しい宇宙像を紹介している。この宇宙という構造物は、眼に見えない「時間」というものが梢で蒼穹を支え、枝と根で天界地界や地獄を一本につなげていると言うのである。実際、北欧神話が時間をそのように位置づけていたかどうかはわからないが、現代人に時計のない生活が考えられないことを思うと、時間が世界を支える属性、というよりも支柱と位置づけることもあながち否定できないことである。

ニュートンの「絶対時間」

この時間というものについて、古代ギリシアの哲学者アリストテレスは、「われわれが、自身の意識作用において、変化を自覚しない場合とか、あるいは、意識が変化していてもそれに気づかないでいるような場合には、「時間」が経過したとは、われわれは思わない」として、サルディスの英雄たちのもとで眠る人たちが眠りから醒めたときに、時間が経過したとは思わないのと同じであると言っている。古代ギリシアのサルディスの英雄廟には、治療に訪れた病人がそこで五日間眠ると、起きた時に五日経ったことも気づかないという言い伝えあるが、「かりにも変化が存在しなければ、「時間」もまた存在しない」、つまり、入眠時と覚醒時との間に何らの変化がなければ、われわれは睡眠中の時間を〝無い〟も同然と考えてしまうということである。

同じような例は、『千一夜物語』第十九夜（マルドリュス版）に始まるハサン・バドレディンの物語にも見られる。大臣の娘と結婚したハサンは、結婚式の夜に鬼神に遠くに連れ去られ、十年以上も経って見つけだされるが、大臣は部屋の様子や調度をハサンがいなくなった夜とすっかり同じにしておいて、ハサンが眠っている間にその部屋に連れてきて、かつての晩と同じ衣装をさせて娘の横に寝かせる。ハサンが目を醒ますと、結婚式の衣装を着た娘から「ずいぶん長いトイレでしたね、旦那さま」と言われて、十年間の出来事は夢か現実かわからなくなるという話である。こうした話のように、「運動や変化が存在しなければ、「時間」も存在しない」というのがアリストテレスの結論なのであるが、この意見に対して、眠っている者は時間が経過したと思わないかもしれないが、眠っていない者にとって、時間は経過しているといえるのではないかという反論もあろう。しかし、眠っていない者にとっても、時間が感じられるためには運動や変化がなければならないということはできるのである。

たしかに、古来、時間は、物の運動や変化に関わるものであると考えられてきた。しかし、同じ時間と言っても、人それぞれによって、その感じ方が異なっているのも事実である。それは、眠っている者にとって時間は経過したとも思えないが、眠っていない者にとっては時間が経過したと感じるのと同じである。あるいは、数学が苦手な人には、教師の説明が長く、時間が長く感じられるのに、数学が好きな人は、まだまだ聞きたいのに終わってしまったと感じる違いである。ボルヘスが言うように、「味にもいろいろあるように、肉体の苦痛に耐えている十分間は代数を解いている十分間と同じではない」のである。私自身も、高校生のころ物理の授業がつまらなくて、早く終わらないかとうんざりしていたのを覚えているが、このときの時間の経過はじつに緩慢なものであった（もっとも、これは、退屈な授業として有名な教師のせいであることが後にわかったが……）。

そのように主観的なものとされる時間に対して、物理学者のニュートンは、その著『プリンキピア』（『自然哲学の数学的諸原理』）において、「時間、空間、位置、運動については、だれでもよくわかっていることとして、規定しませんでした。ただ注意すべきことは、人々はそれらの量を、感覚でとらえられる対象についての関係から以外では考えていないということです」として、主観によらず均一に流れる定量の時間というものを提唱した。つまり、眠っている人にも眠っていない人にも、数学が嫌いな人にも好きな人にも、均一に流れる時間があるはずだとして、『絶対的な、真の、数学的な時間は、それ自身で、そのものの本性から、外界の何ものとも関係なく、均一に流れ」、過去から現在に起こった事件についても、「時間の各部分の順序が不変である」、としたのである。

これが、ニュートンの「絶対時間」と呼ばれるものであるが、そこでは、時間は何よりもまず、物体の運動を測る尺度として、物体の運動に結びつけられたのである。そして、時間自体は、自明で定義するまでもないこととされ、感覚に惑わされずに時間を量的に捉えることだけが問題とされた。例えば、「自然な一日」の長さを基準にする限り、時間の流れは不均等にならざるを得ないが、天体運動の観測によって、「自然の一日」の長さを修正して均一な時間を導けばよいということである。こうして天体の見かけの運動を修正した時間が、時報や時計に表示されるようになった。つまり、ニュートンが「絶対時間」といった時間は、「それ自身で、そのものの本性から、外界の何ものとも関係なく、均一に流れ」、永遠から永遠に及ぶ均一で、しかも不可逆的な内的順序を持った普遍的な流れとされ、その順序の不可逆性によって物の継起の順序が規定される宇宙の容器と考えられたのであった。そして、この宇宙の容器という考え方は、時間と空間を内と外の無限として捉えるわれわれの主観による先験的な直観形式としたカントにも共通する

ニュートンは、そのものの本性によって均一に流れる「絶対時間」を考えたが、果たして均一に流れる時間があるだろうか？

ものであった。

こうして、ニュートンの『プリンキピア』の概念は近代物理学の基礎となったのだが、その後、ロバチェフスキーやリーマンの非ユークリッド幾何学やミンコフスキーの「時空連続体」が登場し、さらには、アインシュタインの相対性理論が唱えられるにおよび、まったく別の宇宙像が現れてきたのである。

相対性理論の世界においては、ニュートンの唱えた「絶対時間」は否定され、「絶対的な同時という観念は消滅し、異なる場所における二つの事件が、ある座標系から見て同時であると考えられても、他の系の観点からすれば一定の時間だけへだたっている」とされ、また、「異なる時刻において、ある座標系の同一個所で起こる二つの事件は、他の系の観点からすれば、一定の空間だけへだたっている」とされるのである（ガモフ）。つまり、最初の命題は、パリのレストランで夕食を摂っている時と、まったく同じ時間に神戸に地震が起こったというとき、離れた場所の同時性は確かめようがなく、意味を持たないということである。時計を見れば確認できるというのは、離れた場所で正確に時計を合わせられるかどうかを考えていないからである。また、第二の命題は、新幹線の食堂車で夕食を摂っている時、スープと果物を同じ場所で食べたにもかかわらず、列車に乗っていない人から見ると、スープは横浜で摂ったのに、果物は小田原で食べたことになるということである。さらに、最新の宇宙論においては、時間も空間もニュートンが考えたような無限に開かれたものではないとされるにいたっている。つまり、ビッグバンに始まったとされる宇宙の時間は永遠から永遠に流れるものではなく、空間は地球の表面のように閉じられた無限であるとされるのである（詳しくは本書第四章参照）。

物理学における「時間」概念がなぜそう変わったのかと言えば、ニュートン力学においては、「時間」という経験が自明なものとされて、深く問われてこなかったためであった。「時間の問題」に限らず、ニュートンやライプニッツの時代の解析学は、物理学、天文学、数学などの応用が正しい結果を導くという経験的事実に支えられていた。したがって、物体の運動自体が経験を前提とした時間と空間の関数として捉えられているために、経験的事実が前提にされない場合には、時間の測定が物体の運動と対応させてどんなに厳密になされようとも、循環論法でしかないという事態に陥ったのである。例えば、いま、二本の針の一本が私の左脚を刺し、ほとんど同時にもう一本が私の右手を刺したとしても、どちらが先かという時間的順序を物理学的に証明することはほとんど不可能かもしれないということである。そのとき、生理学者に神経細胞の中を伝わる信号の速度について意見を聞き、どちらの信号が脳に先に着いたかを知ろうとしても、それは問題を混乱させることにしかならない。というのも、神経細胞の中を伝わる信号の速度は距離を時間で割って初め

アインシュタインは、光以上に速いものは存在しないと考えて光速を基準として世界を定義したが、異なった系の同時性は成り立たないとした。

て決まる（もちろん、一般的な神経細胞の伝達速度を言っているのではない）ものであり、いま問われているのはその時間なのであるから循環論法となってしまうというわけである。

　このように、ニュートンは、「絶対時間」をすべての人にわかっている自明な経験として、厳密に定義しなかったのだが、それが相対論の登場によって、日常的認識と定義とは別の問題とされ、日常的認識の成り立たない世界が想定されるようになったのである。日常的認識を前提としない（なしえない）世界では、定義こそが重要であるため、アインシュタインは、つねに同じ速度を持つ「光」を均一な運動の基準にすることにしたのである。これこそは、「光速運動」を基準にした、われわれの日常的経験や常識とは別の数理の世界の出来事といえるのである。このように、時間それ自体を測定することができないとすれば、時間はわれわれに共通のただ一つのものなのか、それぞれに複数存在するのかといった問題も、「定義」によって規定するほかにないのである。

時間の原点としての「現在」

　しかし、「定義の問題」がどうであろうと、われわれは、実際、日々の生活において時間を体験している。時間はどのような形で存在するのか、時間が均一かどうか、時間は一つしかないのか、複数の時間があるのかといった問題とは関係なく、われわれが時間を体験していることは確かである。自分が小学生であったのは何年前であり、初めて映画を観たのは幾つの時であったか、自分の過去として覚えている。そして、その過去が今ここにある自分にまで連なっていると思っている。あるいは、友人たちとサッカーに興じているとき、ボールを追う一瞬一瞬の中で時間が経過するのを体験する。

そこには、過去のさまざまな原因によって時間が〈過去↓現在(↓未来)〉と流れるのか、あらかじめ決められた未来があってそこに向かって〈未来↑現在(↑過去)〉と流れるのか、あるいは、そのような流れではない別の形かはわからないとしても、「現在」という「時間」を感じていることは確かである。あるいは、〈過去〉も〈未来〉も、「現在」の自分がいるから想定できるのだという意味で、〈過去〉も〈未来〉も実在しているわけではなく、あるのは「現在」のみで、流れる時間など存在しないと考えてもいっこうに構わないが、「現に」私がここにいることを知っていることだけは確かなのである。そして、この「現に」いる私は、時間がどのようなものであれ、食事を摂り、運動し、友人と話をするすべてにおいて、あるいは、音楽を聴き、読書に耽るなかで、この「今」が過ぎ去ろうとしながら、なお「今」があることは感じている。

このように、誰もが体験しているはずの時間が、どんなものかと考えてみると、奇妙なことではあるが、よくわからないのである。そのために、「時間」については、これまでに数えられないくらいの考察がなされてきたことも事実である。過去に原因があって世界が動いていくとする仏教思想（しかし、ナーガールジュナの『中論』のように時間を否定するものもある）があるかと思えば、最後の審判にむかって時間が流れるとするキリスト教思想（これも、神の永遠性は存在するが、時間は虚妄であるというアウグスティヌスのようなものもある）があり、さらには、運動自体をも否定しようとしたエレア派のゼノンの論理もある。そもそも、いま論議をしている相手の経験している時間とこの私の経験している時間とは、果たして同じと言えるのだろうかと考えると、まさに時間についての言説は百花繚乱の趣を呈するのである。

ただ、時間を考える際に、最も困難であるけれども重要なことは、自分があると感じている「現在」から出発しなければならないことである。先ほど、私は、「現に」私がここにいることを知っていることは確かだと言ったが、この「現に」「ここに」いるとはどういうことかという考えを突き詰めていくと、「現在」というものが浮かび上がってくるのである。

ところが、この「現在」が、すでに序章で述べたことであるが、現在でありながら過ぎ去っているものであり、同時に未だにないものでもあるということ、「現在」という有限な一瞬でありながら、同時に、過ぎ去った「過去」とこれから来る「未来」とにかかわっているのである。言い換えれば、「時間」とは、「現在」という一瞬でありながら、「過去」あるいは「未来」と切り離して分割することができないところに成り立つものであるということである。

しかも、こうした「時間」に対して、それは単なる主観によるもので、社会生活において共通した時間（例えば、テレビやラジオの時報や、歴史学的に検証され、世界共通のカレンダーとして示されている年月日など）こそが本来の「時間」だと言う者もいるかもしれない。「あなたが今感じている現在という時間は、あなただけのもので、あなたが死ねば終わってしまうけれども、あなたが死んでも、世界は存在し、時間は流れるのです」というわけである。たしかに、われわれは、社会生活において共通した時間のもとに生きている。その共通時間がなければ、電車やバスの時刻表も作れず、万能手帳やモバイルにスケジュールも書き込めない。その共通時間のおかげで、友人とカフェで合う約束をして、久しぶりで楽しい話もできるのである。だが、そのとき、その友人の時間と、私の時間は、同じだと言えるだろうか？　同じであることを、どう証明できるのか？　そもそもわれわれが考えている時間とは、一つしかないと言えるのであろうか？　時間は一つではなく、複数あるのではないだろうか？　各人各人が個別の時間のなかにいるのに、共通していると思っているだけなのではないだろうか？

そうしたなかで、カントは、古くから客観的に考えられていた時間を、われわれの主観によるものであり、人間に共通した直観の形式であるとした。直観の形式であるというからには、時間は主観の側のものであって、「客観的」対象の側のものではない、すなわち、「物自体」の形式ではないということである。与えられた客観の形式ではなく、われわれが対象を受け入れるときの、主観に内在する形式であるということである。カントによれば、この対象を受け入れる形式は、対象ごとにあるのではなく、人間の直観形式としての時間はすべて同じであるという。そして、異なった時間というのは、この同一の時間がそれぞれの状況において現れる部分だと考えたのである。一定の長さの時間というのは、それらのものの根底になっている唯一の時間が、条件によって制限されたものにほかならない。したがって、根底にある直観の形式としての時間は一つであり、その制限されたかたちが個々の異なった時間だというのである。こう考えて、初めて、時間の無限性が説明されうるとしたのである。

われわれは、「無限」という言葉をよく口にする――「永遠」という言葉も、同じ語群に属する――ものの、実際に無限を考えることはできるものではない。エドガー・アラン・ポオによれば、われわれにできるのは、無限の概念を抱くことではなく、解決不能な星雲ただよう知的天空の一点に知的視線を向けることだけだと言うのである。つまり、「時間は無限である」と仮定したとき、われわれが生きられるのは現在だけであり、その現在が刻々と過去となり、また未来を含むものとしてある。そのようにしか時間の無限性は捉え得ない。現在を離れて、「時間が無限である」と仮定したとしても、われわれには、「では、その無限の先に何があるのか?」という問いが存在し続ける。その先もまだまだ時間が続くのだと言われても、誰も体験することはできない。いや、かりに体験したとしても、まだ先に続いているということである。たとえば、数を考えた場合、大数の単位がどう表わされるか? 億、兆あたりは日常生活でも使われる単位であるが、その上の単位、京、垓《がい》、秭《じょ》、穣《じょう》、溝《こう》、澗《かん》、正、載、極、恒河沙、阿僧祇、那由多、不可思議、無量大数をもってしても、なお表わせない数がある。これは、すでに、われわれには、「無限」を捉えることができないことを意味しているのではないだろうか?

たしかに、われわれは、現在という有限な立場から解決不能な永遠という天空の知の一点に知的視線を向けることしかできないという意味においては、現在は限られた時間でしかない。しかし、その限られた時間のなかで永遠を捉えようとすることにおいて、永遠とかかわっている。すなわち、「現在は永遠」であるとも言えるのである。永遠は現在の延長として瞬間の後にくるのではなく、現在という時間にかかわるところに永遠がある。そのようにしか永遠や無限は捉えられないのである。永遠が現在の延長として瞬間の後に来るとすると、永遠は未来となり、時間の一契機になりさがってしまう。これはすでに永遠の意味に反していることになる。繰り返して言えば、われわれは、現に「今」という有限のなかで、「無限」や「永遠」を知っているけれども、「解決不能な星雲」を通り抜けてそれ自体を捉えることはできない。あるいは、われわれは、把握不能な観念を把握せんとするはかない努力のなかで、解決不能な星雲に覆われた天空しか見ることができない、ということである。

その意味で、「現在」というこの限定された瞬間が「永遠」でもあるところに、時間の本質があるといえる。カントがわれわれの直観形式の根底にある時間は一つであり、その制限されたかたちが個々の異なった時間だと考えるとき、それは、瞬間が無限や永遠との関係なしにはありえないということにほかならないのである。

カントがこのように時間を直観形式と捉えたことは、時間を対象という意味での客観とは考えなかった点で、それまでの思考からすると画期的な着想であったが、その直観形式という主観性が客観的に捉えられてしまったために、時間が客観的なものになってしまったのである。もともとカントにおいては、主観が客観と相対するものとして固定的に捉えられ、自然科学的対象の認識主観とされていたために、主観が対象の自己同一性を認識する根拠とされ、主観自身も自己同一性を保つ客観的形式とされていた。そのため、時間を対象という意味での客観とはしないはずであったのが、主観の直観形式が客観的に捉えられたことによって、時間もまた客観的なものになってしまったのである。

これに対して、ベルクソンは、「カントの誤謬は時間を等質的環境とみなしたことであった。彼は現実の持続が相互に内的な諸瞬間から構成されること、それがまったく等質的な形式をとるときは、空間として表されているのだということに気づかなかった」ことにあると批判した。つまり、各瞬間が等質的（同一的）なものと考えられたために、「もはやない」はずの過去や「いまだない」はずの未来が前後の関係として空間化されて表わされていることに気づかなかったというのである。広がりである空間と持続である時間の区別を考えていながら、自我という客観的対象的（記号的）表象と、持続的に成り立っている自我そのものとを混同したために、結果において空間と時間を混同してしまったというのである。

一九〇八年に、「時間の非実在性」を唱えたイギリスの哲学者ジョン・マクタガートは、時間を考えるとき、まず、われわれの視点によるかよらないかによって「時間」を分け、「現在」という視点に依存する時間をA系列の時間と名づけ、視点に依存しない客観的な時間をB系列の時間と名づけた。言ってみれば、〈過去—現在—未来〉という関係が、視点をどこに置くかによって固定的ではないが、その視点がなければ成り立たないものをA系列とし、「一一九二年の鎌倉幕府成立」よりも「一〇九六年の第一回十字軍」のほうが前の事件であり、それは「九〇七年の唐の滅亡」よりも後であるというような、視点に依存しない関係をB系列として、B系列だけでは時間を捉えるのに不十分であり、A系列が時間にとって本質的であるとしたのである。しかし、この時間論は、必ず、時間が矢印か線分で表示されて説明されているうえに、「現在」における内的な時間（A系列）から客観的な時間（B系列）の「過去―現在―未来という特性」がどのように構成されるか、あるいは構成されざるを得ないかを問おうとしていないために、A系列とB系列を区別しただけの、時間の空間化に終わっている。B系列の事件の因果関係についても、われわれの心的作用が、〝原因と思われるもの〟と〝結果と推測できるもの〟とを結びつけ、因果関係をつくりだしているということを十分に捉えているとは言えない点があるのである。

ここに、客観的時間を前提とするのではなく、また、カントのように主観性自身の自己同一性を前提とするのでもなく、もう一度、「時間とは何か？」を捉えなおして考える必要が生じてくる。ベルクソンが言うところの空間化されない時間。社会的常識的時間や歴史的時間として客観化される以前の、客観的時間が時間として意識される以前の、内的（主観的）な時間を捉えなおし、社会的常識的時間、公共的共通時間がどのように構成されてきたのかを捉える必要があるのである。

フッサールの『内的時間意識の現象学』

「時間」や「存在」を根元的に捉えようとしたフッサールは、『デカルト的省察』のなかの、「我思うを真に現象学的に自己解明すると、「超越論的観念論」となる」という一節において、

「現象学的な判断停止《エポケー》を単に一時的に遂行するのではなく、むしろ体系的な自己省察において、しかも純粋な我《エゴ》として、その意識の場の全体を露呈しようとするやいなや、我にとって存在するものはすべて我そのもののうちで構成されたものであり、さらに、あらゆる存在の仕方、なかでも何らかの意味で「超越的」と特徴づけられる存在の仕方は、それ特有の構成の仕方をもっている、ということに気付く。どのような形式のものであれ、超越というのは、我《エゴ》の内部で構成された存在意味のことなのである。考えられる意味のすべて、考えられうる存在のすべては、それが内在的であれ超越的であれ、意味と存在を構成するものとしての超越論的主観性の場に入ってくる」と述べている。ここで、フッサールは、「我思う、故に我あり」(Cogito,ergo sum) というデカルトの有名な言葉は、その前提に、「思う者はある」という命題がなければ正しいとは言えないことを見逃したために、「思う者はある」という命題を成り立たせるところの我《エゴ》以前の非人称の〈誰でもない者(nobody)としての自己〉については追求しておらず、主観性としての「我」を前提としてしまっているが、このことは、とりあえずここでは取り上げないことにする。

つまり、フッサールは、時間もまた「超越論的主観性の場に入ってくる」かぎり、時間意識の現象学的分析として、「客観的時間に関するあらゆる想定、決定、確信は(すなわち実在するものについてのあらゆる超越化的前提は)当然すべて排去」(『内的時間意識の現象学』)して、純粋な内的意識体験に立ち返るところから出発するというのである。これは、時間の探求だけでなく、存在の探求においてもなされなければならない方法であるが、『内的時間意識の現象学』においては、われわれが内的意識体験に立ち返ったとき、そこに見いだされるのが「根元的与件」ともいうべき「感覚与件」であり、そこから出発すべきだというのである。

ところが、この「感覚与件」は文字通りの与件、われわれの内における「素材《ヒュレー》」であって、外的事物を〈～のものとして〉意味的に把握する志向性の働きを排去して考えられているものであるがゆえに、そこではまだ、すべての事物が時間のうちで継続していると世間で言われる「客観的時間」が現出してきているわけではない。この「客観的時間」が現出するためには、それ以前に、超越的な措定を排去した「素材《ヒュレー》」が意識の志向性において現出する「内的時間」が想定されていなければならないからである。この「内的時間」は、標準時間などといったものや時計で表示されたりする外界の時間とは別のもので、現出する時間そのもの、現出する持続そのものであり、「根元的与件」ともいうべき「感覚与件」が、われわれの内部で「意識の志向性」によって継起的に秩序づけられたときの時間である。これらは絶対的所与性であり、意識経過の内在的時間なのである。すなわち、われわれが存在するという意識も、「我思う、故に我あり」という存在の明証性も、この「意識の志向性」の継起的な秩序づけによるものだということである。言い換えれば、「根源的与件」においては、時間が時間として意味づけられる以前の、内的に感じられる時間意識とも言うべきものが「感覚与件」の継起的秩序づけにともなって現出しているだけなのである。「感覚与件」をそのような形に秩序づける「意識の志向性」は、ここではまだ「根元的統握」（Urauffassung）にとどまっており、普通の意味での「統握作用」（ein auffassender Akt）、つまり対象に意味を付与するような作用とはなっていない。その同じ意識の志向性が「統握」的に働いて、対象に意味を付与するときに、はじめて、「内的時間」が対象化＝客観化され、「客観的時間」が現出する。志向性とは、第一義的には、意識がみずからの内に自足せず、超越的な対象に関わることを意味するのであるが、それがある場合には、意識の内的統一原理として、またある場合には対象への意味付与の働きとして、さらには内にあるものを客観化する作用としても働くということである。

ところで、内的時間の構成にとって最も重要な働きをする「意識の志向性」の作用とは、言ってみれば、「過去把持」（Retention）と「今の意識」（Jetztbewußtsein）と「未来把持」（Protention）の三つであるということができる。

まず、時間の根底にある「今の意識」について、フッサールは、「根元的印象」（Urimpression）に関連させて、「根元的印象は絶対に変様されぬものであり、その他の一切の意識と存在にとっての源泉である。根元的印象は、今という語がもっとも厳密な意味で解される場合にこの語が意味するもの、をその内容としている」と言う。

そして、この「根元的印象」が時間的変様の絶対的出発点であるというのである。つまり、「根元的印象」の内容である「今の意識」こそが、他のあらゆる意識の働きの「源泉」ないし「出発点」となるべき「根元的意識」（Urbewußtsein）であり、この作用こそすべての産出の絶対的出発点、すなわち、自発的発生（genesis spontanea）によって生ずるところの、根元的発生（Urzeugung）なのである。そう考えると、この「今」は、一般に考えられているように過去から未来に続く無限の時間の流れの中の単なる一点としての今ではない。この「根元的意識」においては、「内的時間」が対象化されて現出する「客観的時間」は排去されているのであるから、時間が過去から未来に無限に連なっているかどうかは論外であり、その「今」ですら、反省的に捉えられているわけではないのである。こうした「根元的意識」としての「今の意識」は、「今」自体を対象化して捉える「統握作用」ではなく、われわれが現実と接触しながら生きる最も根源的な形態であり、どのような意識もこの機能の中ではつねにそのように働かざるを得ない基本形態なのである。つまり、「根元的印象」とは、カメラとしての眼が世界を写しだすものであり、それが「客観的時間」というフィルムに記録されているかどうかは、ここでは問題になっていない。このカメラとしての眼は対象をひたすら写すだけで、いまだ「志向性」が働いていない状態である。そこに「志向性」が働いて、はじめて内的な時間意識が構成される。言い換えれば、この「現在」こそ、最も時間の本質に関わり、時間意識を構成する原点なのである。

それでは、「過去把持」とは、どのようなものかと言えば、文字通り、過ぎ去りつつあるものを「今の意識」に関わらせることであると言える。この志向性は、過ぎ去ったものを完全に過去に属するものとして想起する「記憶」とは異なり、記憶の根になるような「第一次的記憶」と呼ばれるものである。十九世紀の特異な夢の研究家であったエルヴェ・ド・サン＝ドニ侯爵が『夢の操縦法』で「記憶の陰画紙」と言っているもので、この「記憶の陰画紙」が焼き付けられて「記憶」となるのである。音楽を例にとれば、音楽を聴いているとき、もし、「今の意識」が瞬間的な点であるとすると、ある音を聞いてそれに続く音が連なって音楽となることはない。そのとき、連続した音楽が聞こえるのは、過ぎ去ろうとする音の印象が、その都度消え去ってしまうのではなく、今に「引き留め」られ、「今の意識」と関わっているからである。この「今の意識」との関わりが、ひとつの音が過去へと沈んでいく中で連続するメロディーの中に焼き付けられたとき、「客観的時間」に位置づけられた「記憶」となるのである。

フッサールは、それについて、こう言っている。

「あるメロディーが鳴り響いている場合、その個々の音は刺激の停止、ないしは刺激に誘発される神経運動の停止とともに完全に消失するわけではない。新しい音が鳴り響くときには、先行した音がすでに跡かたもなく消失しているというわけではない。もしそうでないとすれば、当然われわれは相前後して継起する音の相互関係に気づくことができず、各瞬間ごとに一個の音を所有し、また二個の音が鳴る中間の時間におそらく一個の空虚な位相を所有することになろうが、しかしメロディーの表象はけっしてもちえないであろう。しかし他方、意識内に音の表象がそのまま残留するということもありえない。かりにそれらの音の表象が変様されずにいるとすれば、われわれはメロディーの代わりに幾つもの同時音の協和音《アコルド》を、というよりもむしろ、すでに鳴り響いている音のすべてを同時に鳴らす場合に聴取するような不協和音の喧騒を所有することになるであろう」(『内的時間意識の現象学』第一章三節)。

ある音がいま鳴ったとして、次の瞬間には、その音はもう過去へ沈んでいる。そのように音が過去に沈下するにもかかわらず、その音は時間内部である固定した位置づけがなされている。その音は持続する統一されたメロディーの定位置を客観的な時間の内に持っているのである。時間は流れているにもかかわらず、定位置を有するという意味では不動なのである。この時はじめて、時間は現に流れているなかで、過去への絶えざる沈下として、流れることのない固定した同一的な客観的時間として構成されるのである。

内的時間の構成にとって、もう一つ重要な「意識の志向性」の作用は、「未来把持」の作用である。過ぎ去るものを捉える「過去把持」だけでなく、「未来把持」においても、同じように「今の意識」に関わる志向性の働きがある。たとえば、仮に未来というものが全く「未だない」もので、それが突然「在るもの」になるとすれば、「今」との関わりもないであろうし、「未来」は存在しないのと同じことになってしまうであろう。われわれは、「今の意識」において、「未だない」という形で「今」と「未来」を関係づけ、未来を先取りし、それを予知しながら現在を生きているのである。それを、フッサールは、「根源的構成の過程はすべて〈到来するものそのもの（das Kommende als solches）を空虚に構成し、捕捉し、充実へもたらす未来把持〉によって活かされているのである」と言っている。

要するに、「経過した位相を把持しながら、私は現在の位相を生き、それを――過去把持によって――〈過去の位相に〉《付け》加え、そして〈未来把持によって〉将来するものに向かうのである」。この「未来把持」によって、たとえば、音楽を聴いているとき、一個一個の音がメロディーの経過として捉えられ、個々の音を聞くたびに「これで終わりだ」と思わずに、メロディーが継続されていくものとして聴きとっていけるのである。

このように、「今の意識」の中で、絶えず過去に沈下するものを、流れることのない固定した同一的な時間に位置づける「過去把持」という作用と、この「未来把持」作用とによって、印象の「持続」が構成され、「内的時間」が「客観的時間」として構成され、現出するのである。つまり、音楽を聴くわれわれがいなければ、音楽は成立しないにもかかわらず、音楽がわれわれの外部に流れる音として存在するかのように、そして、われわれの主観とは独立した時間があるかのように「客観的時間」が想定されるのである。

この「客観的時間」の構成には、再生的記憶が大きな役割を果たしているが、そのことについて、フッサールはこう述べている。

「この意識が成立するためには再生的記憶（それが直観的な場合も空虚志向の形式の場合も）が重要な役割を果たしている。過去へ後退した時点のどれもが再生的記憶によって時間直観の零点とされうるのであり、しかも繰り返しそうされうる。以前の時間野、すなわち〈現在では過去へ後退してしまったもの〉（das gegenwärtig Zurückgeschobene）がかつて今として存在していた時間野が再生され、そしてその再生された今が〈新鮮な記憶の中でまだ生きいきとしている時点〉と同一化されるのである。つまり個体的志向は同じままなのである。再生された時間野は顕在的現在の時間野より広範囲に及んでいる。われわれがその中の過去の一点を取りあげる場合には、この点がかつて今として存在していた時間野と再生とが重なりあうことによって、一層遠い過去への還帰などが可能になる。この過程は、顕在的記憶の働きが実際には直ぐに停止するにもかかわらず、無限に続けられるように思われ、またそう思われるのが当然である。すべての時点がそれぞれの前後を有することや、また以前の時点や広がりが、たとえば強度の限界のような数学的限界への接近という仕方で凝縮（verdichten）されえないことは明らかである。もしかりに限界点があるとすれば、この限界点に相当するのは〈先行するものを何一つもたぬような今〉であろうが、しかしそのようなことは明らかに不可能である。「今」とは常に本質的に時間的広がりの境界点（Randpunkt）である。したがって、この広がり全体が必ず沈退し、しかもその際その大きさ、その個体性の全体が保持されることは明らかである」（『内的時間意識の現象学』第二章三二節）。

この「再生された時間野」の中の過去の一点が、「かつて今として存在していた時間野」と再生が重なることによって、われわれの「客観的時間」は空間的な広がりとされるのである。

このように構成される「客観的時間」は、ある意味において、時間の対象化と言えるであろう。超越的な措定を排去した「素材《ヒュレー》」が意識の志向性において現出する「内的時間」が、対象化＝客観化され、「客観的時間」として現出するとき、時間は必然的に空間化されざるをえないからである。われわれが、「時間が流れる」と表現するのも、〈過去→現在→未来〉と一定の方向に向かっている直線を想像するのも、時間が客観化されるときには、空間化されざるを得ないことによるものなのである。

ベルクソンは、この純粋持続としての時間が空間化される過程を、五十匹の羊を数えるときの例で説明している。五十匹の羊そのものはとりあえず無視して、観念だけをとりだして数えようとした場合、われわれはその五十匹を観念的空間に並置するか、一匹ずつを五十回続けて繰り返すかであるが、後者の場合、空間の中ではなく、持続の場所を占めるように見える。だが、そうではないというのである。なぜなら、「私が群れをなしている羊たちの各々を順次別々に思い浮かべる場合にも、私が相手にしているのは一匹の羊だけだからだ。私が数え進めるに応じて数が増えていくためには、継続する諸イメージを保持していて、それらを、私が次に喚起する新しい単位の一つ一つと並列しなければならない。ところが、そうした並列が行われるのは空間においてであって、純粋持続においてではないのである」。そして、このような空間の直観は、あらゆる数のイメージを想起するに際して必然的に伴なわざるを得ないといえる。言ってみれば、われわれは、時間を「客観的時間」として対象化するにあたって、どうしても持続を空間化せざるを得ないのである。

それでは、その「客観的時間」が、実際に、どのような形で空間化され、時間の形をつくりだし、計測されてきたのかを見ていくことにしよう。

第二章　時間の形而上学

時間における〝謎〟とは、極端に言えば、「現在」をどう捉えるかということであった。というのも、この「現在」、つまり、「根元的印象」である「今の意識」こそが、他のあらゆる意識の働きの「源泉」ないし「出発点」であり、すべての認識の絶対的出発点だからである。この「今の意識」、すなわち「根元的意識」が、その「志向性」の作用によって、「過去把持」と「未来把持」という形で「内的時間」を構成するのであるから、畢竟するに、時間の問題は「現在」にあるといえる。

この「内的時間」とは、われわれが日常生活をするうえでの時間、例えば労働時間や睡眠時間、あるいは人と約束をする共通時間といったものではなく、人びとに共有される以前のわれわれの内なる時間である。それは、われわれ自身にも時間として意識されておらず、われわれの意識の「志向性」によって、われわれの内部に継起的に秩序づけられただけのものである。

この「内的時間」が時間として意識され、やがて過去から未来に流れるものとして客観化される。つまり、「根源的意識」が「過去把持」という形で過去のある時点の出来事として、「未来把持」という形でそれがなおこれからも継続的であるものとして、「客観的時間」が構成されるのである。そして、この「内的時間」の客観化は、同時にまた、空間的な時間の形を構成することでもある。たとえば、いま、「客観的時間」を「過去から未来へ流れるもの」と言ったが、これはすでに時間を空間化し、形を想定しているということである。この時間の形は、「未来から現在に流れくるもの」とも考えられるし、ニュートンの「絶対時間」のように過去から未来に均一的連続的に流れるものとしても考えられる。また、ボルヘス風に連続的な流れもなくその順序も不定と考えることもできるし、ゼノンのような「瞬間」とも考えられるが、いかなる場合と言えども、「内的時間」の客観化に際して、時間の形を構成することなく客観化することはありえないのである。

時間の形について

一般的には、「時間」の特徴は、その不可逆性にあるといわれている。「覆水盆に返らず」という諺に見られるように、われわれは、普通、誰も過去を取り戻すことはできないと考えている。幼年時代に戻ることもできなければ、死別した親や友人を取り戻すこともできない。自分の過去の過ちをなかったことにはできない。この時間の不可逆性、取り返しの利かなさは、わが国の情緒的な諸行無常観として定着し、王朝文学の伝統である和歌にも詠われている。

その典型的ともいえる例が、在原業平の一代記といわれる『伊勢物語』の「むかし、男ありけり」の男が、突然身を隠した愛人を偲ぶ歌である。

月やあらぬ春や昔の春ならぬわが身ひとつはもとの身にして

このように、時間が不可逆的なものであるということは、ある時点（事件）はある時点（事件）の後にくるという「時間の前後関係」が決定されていて、それを入れ替えることはできないということである。たとえば、時間の流れのなかで、二〇一一年三月十一日は、一九九五年一月十七日の後であるという「固定的な関係」をもち、さらには、「われわれは二度と同じ流れに踏み入れえない」というヘラクレイトスの言葉に見られるように、その時間の流れが一回だけであり、二度と繰り返されることはないということである。

ひとたび過ぎ去った時は、ユピテルすら取り戻すことはできぬ。（パイドルス）

しかし、こうした時間の形にたいして、古代ギリシアのプラトンの『ティマイオス』やピュタゴラスの教義、古代エジプトのミイラ信仰、あるいは、インドの輪廻思想においては、時間は繰り返すものとされていた。たとえば、古代ギリシアにおいては、天文学的な現象の観測から、月と太陽の位置関係がまったく同じになる周期や蝕の周期などを計算し、その周期が終わったとき再び同じ周期が繰り返されると考えられた。また、古代エジプトのミイラ信仰では、一度死んでもまた復活して現世に生きられると信じられていた。そして、仏教の輪廻思想でも、因果関係に基づいてこの世に生まれ変わるとされていた。

厳密に言えば、時間は可逆的とは言えないが、繰り返しという形で、同じ状況にいたるとされたのである。こうした〝円環的時間〟ともいうべき形は、近代ではニーチェの「永劫回帰」が有名であるが、ボルヘスもそれに近いものを唱えている。

これに対して、時間が未来に向かって流れていくと考えられている〝直線的時間〟は、キリスト教の思想に典型的に見られるものである。キリスト教における時間は、天地創造で始まり、最後の審判で終わるからである。ニュートンの「絶対時間」に代表される近代の時間観念も、天地創造から最後の審判までの有限なものとしている点では異なるが、キリスト教の時間形式の一種といえるものである。

このように時間を直線としてイメージする思考は近代以降一般的になり、時間を内官の直観形式としたカントもまた、『純粋理性批判』において、「時間継続を無限に進行する線によって表象」している。「この線においては、多様が一方位のみを有するところの系列を構成する」のであるが、キリスト教の時間が有限であるのに対して、はっきりと「無限に進行するる」ものとしている。そして、この無限とは、外官と内官の直観形式のそれであり、カントは「我が上なる星繁き空と我が内なる道徳法則」（『実践理性批判』）の二つにそれを見ていたといえるのである。

以上挙げたような〝円環的時間〟や〝直線的時間〟のほかに、序章でみたエレア派のゼノンのような運動否定論者の時間の形、言ってみれば、〝不連続的時間〟説とも言うべき時間論もある。

さらにまた、時間は空間と全く等価の四次元連続体の〝座標時間〟であるとする考え方もあれば、時間は一つではなく複数の時間が流れていると考える〝複数時間〟説なども唱えられている。そして、現実的にはあり得ないとされている逆行する時間も、想像としては存在する。Ｈ・Ｇ・ウェルズの『タイム・マシン』などのＳＦ小説に見られる時間旅行の場合である。

円環的時間

おそらく、この〝円環的時間〟ともいうべき時間の形は、人類の歴史において考えられた最も古いものと言えるであろう。というのも、古代ギリシアやバビロニアにおいては、時間の制定は天文観測の結果と密接な関係をもっていたため、日月の周期運動や星座の位置の移動にともなって、時間は循環すると考えられたからである。また、一年の季節の変化とともに、植物の種が発芽・成長し、実を結ぶことのなかにも、人びとは繰り返される円環運動を見たのである。そして、この〝円環的時間〟は、古代ギリシアやバビロニア以外にも、世界各地の神話や民話に見られる時間の形なのである。

ボルヘスの分類によれば、この円環的時間は三つの基本形式に分けられるという。

その第一は、先に述べたプラトンの『ティマイオス』の言説に依拠しているものである。プラトンは、その三十九節において、「八つの循環運動の相対的な速さ（周期）が同時にその行程を完了して大団円に到達する時、時間の完全数が完全年を満たすのだ」と言っているが、当時の占星術師は、プラトンのこの『ティマイオス』に基づいて、春分点が二万五八〇〇年をかけて十二星座を一周することを計算し、一星座を二一五〇年で移動することを明らかにした。そして、もし遊星の周期が循環的なものであるならば、宇宙の歴史も循環するという議論を開陳したのである。この周期単位はプラトン年（Plato's Year）と名づけられ、各プラトン年の終わりには同じ個人が再び生まれ、同じ運命が全うされるとされたのである。一六四三年に書かれたサー・トマス・ブラウンの『医師の信仰《レギリオ・メディキ》』では、「数千年の周期を経て万物は原初の状態に回帰し、プラトンも、かつてこの説を講じた学苑で再び教えるであろう」と言明されている。また、ブルトマンの『歴史と終末論』では、ストア派のクリシッポスの「ソクラテスやプラトンが再び生存するであろうし、凡ゆる人は友人や仲間の市民と共に再び生存するであろう。彼は同じことを経験し、同じことをするであろう。凡ゆる都市、凡ゆる村や畑が再び現れるであろう。そして、その回復は一度だけ起るのではなく、同じことが際限なく回帰するであろう」という言葉が引用されている。

　ちなみに、現在の占星術は、ウル第三王朝を滅ぼしたバビロン帝国に始まったので、その時

「奇妙な石球」。ヘブライ人がベテル（神の宮）と呼んだ石球は、循環する時間と迷宮を意味するのかもしれない。スコットランド出土。紀元前3千年ころ。

代に春分点があった牡羊座を0度として出発したものである。この春分点は、歳差運動によって一年毎に横道十二宮を少しずつ移動して、一プラトン年で一周するとされているので、牡羊座から始まった春分点はキリスト誕生のころに魚座に代わっている。その魚座時代の最後が二十世紀であり、今二十一世紀は水瓶座時代への移行期であるといわれるが、ソクラテスやプラトンが再び生存するのは、まだまだ先の話である。

その第二は、ニーチェの「永劫回帰」説によるものである。

ボルヘスによれば、「それ〔ニーチェの「永劫回帰」説——引用者〕を正当づけているのは代数の原理で、n個の物——ル・ボンの仮説におけるアトム、ニーチェの仮説における力、共産主義者ブランキの仮説における原素——は無限個の変化量を許容することはできないという説である」という。つまり、宇宙を構成している原子の数は有限であるから、無限の時間の中では、いつか順列組合せの数も底をつき、同じ組合わせが繰り返されるはずだということである。「世界を、一定量の力として、また一定数の力の中心として考えることが許されるとすれば（略）世界は、その生存の大々的なさいころ遊びをつづけながらも、算定しうる一定数の結合関係を通過しなければならないということである。無限の時間のうちではあらゆる可能な結合関係がいつかはいちど達成されていたはずである。それのみではない、それらは無限回達成されていたはずである。しかも、あらゆる結合関係とその直後の回帰との間には総じてなお可能なその他すべての結合関係が経過したにちがいなく、これらの結合関係のいずれもが同一系列のうちで生ずる諸結合関係の全継起を条件づけているのであるから、このことで、絶対的に同一な諸系列の円環運動が証明されているはずである」（『権力への意志』）。この宇宙を、ニーチェは、「意味や目標はないが、無のうちにおける終局のない回帰」たるニヒリズムの極限的形式として、無意味なものが永遠に繰り返される「永劫回帰」としたが、ニーチェにとって、一切の意味を奪い去る無限の繰り返しをどう乗り越えるかが課題だったのである。つまり、「永劫回帰」とは、ニヒリズムの克服の意味であり、「お前は、お前が今生きており、これまで生きてきたこの人生を、もう一度、いや無限回生きなくてはならないであろう」という決意の表現だったのである。

しかし、ニーチェの提起したこの時間の回帰は、ニヒリズムの克服という心情的な提起にとどまらず、数理論理学上の無限の解明とあいまって、論理的な課題となったのである。この宇宙的歴史の繰り返しは、十九世紀から二十世紀初頭まで、哲学論議の対象とされ、さまざまな意見が開陳されたが、その一人、バートランド・ラッセルは、こう述べている。「多くの学者が歴史は循環的であり、世界の現在の状態は全くそのままの形で遅かれ早かれ再び起るものと考えた。この仮説はわれわれの見地からすればどういうような言い方になるであろうか。われわれは後の状態は前の状態と数字の上で同一（numerically identical）であると言わざるを得ないだろう〔すなわち両者ともに a_1 なら a_1 というものであり、a_1 と a_2 というようなものではない〕。この場合、この現在の状態が二度起るということはできない。なぜならそんな言い方をすれば、それはこの仮説では不可能であるはずの〈日付け体系〉を内含することになるからである。これは世界中を〈一周〉旅行する人の例と類似している。その人ならば彼の出発点と到着点とは〈二つの、別ではあるが全く類似の場所である〉とは言わずに、それは〈同じ場所だ〉というだろう。〈歴史は循環的（cyclic）である〉という仮説はつぎのように表現することができる。すなわち、ある特定の性質と同時期に存在しているすべての性質のグループを構成してみる。ある場合にはそのグループ全体がそれ自体に先行する。あるいはこのような場合、同時に存在する性質のグループはすべて、それがどんなに大きくても、それ自体に先行すると言ってよい」（『意味と真偽性』）。

このように、歴史は不可逆的でありながら、同一物が回帰するということである。

そして、第三は、前の二つに比べて、「もっとも凄みに欠け、通俗的興味も劣るが、ただ一つ想像的な解釈」であると、ボルヘスはいう。つまり、これは、時間とは、同一物の回帰ではなく類似のものの循環であるとするものである。ショーペンハウアーが言うように、われわれにとって「意志の現象の形式、すなわち生命の形式ないし実在の形式というものが、もともとはただ現在だけ」とすれば、「未来や過去などは単に概念の中に存在しているものでしかない」。もし実在する時間が現在だけであるとすれば、現在が永遠につづくことになり、マルクス・アウレリウスの言うように、「現存するものを見た者は、なべて永遠の昔から存在したものを見たのであり、また永遠に存在するであろうものを見たのである」ということになる。しかし、すでに前章でみたように、時間の原点は「現在」であるとしても、時間とは、「現在」と同時に「過去把持」と「未来把持」という性格を持つのであり、「現在」という瞬間（点）の連続的なつながりではない。時間とは、「今という瞬間」が「永遠」と関係するところに成立するからである。

実際、ショーペンハウアーやアウレリウスが、「現在」だけが生命、あるいは実在の形式であると言うとき、世界の歴史はただ一人の人間の限られた時間の歴史だと言っているわけではなく、多くの個人は運命の類似性において「永遠」と関係すると述べているのである。そして、この思考の前提には、「個人も事物も、それらを包含する種に関与するかぎりにおいて存在するのであり、種こそがそれらの不変の現実である」という命題がある。たとえば、ボルヘスが言うように、キーツが「小夜鳴鳥《ナイチンゲール》に寄せる詩」を詠ったとき、彼を魅惑した小夜鳴鳥《ナイチンゲール》は、ルツがベツレヘムの小麦畑で聞いたのと同じ小夜鳴鳥《ナイチンゲール》であった。また、ショーペンハウアーは、「今春のつばめは最初の春のつばめとまったく異なるものであるか、また、両者のあいだに無からの創造の奇蹟が何百万回となく反復され、奇蹟はその回数だけ全面的な絶滅行為に手をかしてきたというのはほんとうであるか」と言う。そして、「もしわたしがだれかに、この中庭でたわむれている猫は三百年前そこで同じように躍びはね、ずるく立ちまわった猫と同一のものだ、と真顔《まがお》で断言しようものなら、その人はわたしを気違いとおもうであろう。わたしはそれを知らぬではない。がしかしまた、今日の猫が三百年前の猫と徹頭徹尾別物であるとおもうのはこれ以上に狂気の沙汰《さた》であることをも知っている」（『意志と表象としての世界』続編四一章）と言うのである。

ボルヘスは、個の区別がなく、種のみが存在する世界に、アルベルトゥス・マグヌスの「普遍は実在する」という定言と同時に、無限集合を見たのである。

こうした「現在という永遠」の意味ではないが、澁澤龍彦の小説『三つの髑髏』にも、また、別の形の循環する時間が描かれている。通俗的ではあるが、大胆な想像的解釈といえるもので、仏教的輪廻の類型ともいうべき時間の循環である。

平安時代の風流人・奇人と言われた花山院が、奔放な女性関係を結び始めたころ、持病ともいえる頭風に激しく悩まされて、陰陽博士安倍晴明を呼んで占ってもらった。すると、花山院の前生は小舎人で、七歳で死んだときの髑髏が竹林の穴で竹の根に突かれるための痛みだというのである。その髑髏を探し出して供養すると頭風は完全に治まった。

しかし、しばらくするとまた、花山院の頭は痛みだした。再び晴明に占ってもらうと、花山院の前々生は後宮の女房と判明し、その女房が十六歳で死んだときの髑髏が烏にくわえられて木の枝に運ばれ、雨気のある時に雨の雫につらぬかれるので、頭や鼻が痛むのだという。そこで、その髑髏を晴明から言われたとおり厨子におさめて供養すると、頭風の痛みもぴたりと止んだ。

それから数年たって、またしても頭風が院を悩ませたとき、院は自分の前生をとことんきわめようと、興味津々で晴明に尋ねると、晴明は院の前々々生は大峰の行者で、二十五歳で熊野の谷に落ちて入滅したのだという。そのとき岩の間に落ちた髑髏が、岩が水を含んでふくらむたびに挟まれるため痛みを生ずると聞いて、院は自分が熊野に入った二十五歳のことを思い出し、納得して髑髏を厨子に納めて供養した。

頭風はおさまって、院が四十を越したある日、三つの厨子の扉を開いてそれぞれの髑髏の追善供養をしようとすると、髑髏はわずかながら成長しているように思われた。じっと見て確認しようとすると、頭がきりきりと痛んでくる。十年前の頭風の痛みがまた現れたのである。

院が晴明を呼ぶと、晴明は、院の前々々生は本朝第六十五代天皇だったという。十九歳で出家し、法皇となって叡山熊野で仏道修行に励み……という晴明の言葉を聞くうちに、院は眼の前が暗くなり、自分が何を聞いているのかも、どこにいるのかも、しかとわからなくなっていた。自分の身体が無辺の空間にただよい出したようで、何千年も何万年もそうした空間を浮遊しているような気がするのだった。

こうして輪廻の時間の円環は閉じられたわけだが、最後に、澁澤は、「『頼朝公おん十四歳のみぎりのしゃれこうべ』という、周知の落語の一節が子供のころから好きで、私はよく、このテーマを自分なりに、いろいろに変化させて空想してみることがあった」と述懐している。

花山院の前生、前々生、前々々生にまで遡るというのは澁澤の着想であろうが、花山院の頭痛の原因を前生の大峰行者の髑髏が岩間に挟まれていることによると安倍晴明が見立てた話は鎌倉時代に成立した説話集『古事談』にある。一回の輪廻を三回にして、その三つの髑髏が現在の自分に吸収され、前々々生に返るという澁澤の発想は、ある意味で「永劫回帰」といえるかもしれない。

直線的時間

一般には、時間は不可逆的で、過去から現在、そして未来へ流れていくと考えられている。日々の生活の中で、われわれは、今日の前には昨日があり、今日の後には明日が来ると思っている。今日になって、昨日の失敗をやり直そうと思っても戻ることはできない。古代ギリシアの哲学者ヘラクレイトスの「同じ河に二度入ることはできない」という有名な言葉も、ほとんどはこうした意味で捉えられている。

しかし、この時間が無限に流れるものであるとすれば、その時間が流れている限り、いかなる価値も定まることはない。いま善とされているものが悪となり、美とされているものが醜となり、真とされているものが偽となることも、またその逆も無限な時間の中では可能だからである。このように、すべての価値が決定されえない宙吊りの状態は、ニーチェが言ったところの「意味や目標はないが、無のうちにおける終局のない回帰」と同じ状態である。このように、時間が円環でなくとも円環と同じような状態がありうるということは、直線とは半径無限大の円にほかならないためといえるかもしれない。

ドイツ生まれのユダヤ人政治思想家ハンナ・アーレントの言うように、「歴史過程が直線的に発展していると考えられている以上、われわれの歴史概念の起源は全体としてキリスト教にある」ということだが、このキリスト教の時間とは、天地創造に始まり、最後の審判で終わる有限な時間である。その間に流れる「時間」、すなわち現世は、最後の審判において魂が裁かれるために存在するのである。ところが、ニュートンが『プリンキピア』で呈示した何物にも左右されない均質に流れる「絶対時間」という概念は、信仰と切り離された科学的客観性を企図したものとして、天地創造と最後の審判のない無限の中に設定されたものであった。これが近代の時間概念であるが、「直線的な時間概念という条件のもとでのみ、新しさとか出来事のユニークさなどが考えられる」（アーレント）のは事実としても、目的のない無限の流れの中においては、その新しさユニークさの意味も確定的ではないことになってしまう。

この「絶対時間」に対して、当然、キリスト教界からは無神論という非難が巻き起こった。つまり、もし時間が、そのもの本来の性質からして均一に流れるものとすれば、それは、神の意志からも独立していることになるからである。そこで、ニュートンは、神と時間との関係について、「神の持続は永遠から永遠に達し、神の臨在は無限から無限に及ぶ」「神は、どんな時、どんなところにも存在することによって、持続と空間を構成する」という註を加えたが、この修正によって問題が解決したわけではなかった。ダーウィンの進化論によって、七日間で天地が創造されたというキリスト教の天地創造論は決定的なダメージを受け、さらに進化論を裏づける化石の発見が天地創造論に追い打ちをかけたのである。

このニュートンの「絶対時間」とキリスト教の神による天地創造との矛盾を奇想によって解決しようとした動物学者が、ダーウィンの一年後に生まれたイギリスのP・H・ゴスであった。そもそも、キリスト教においては、時間は天地創造とともにつくられたのであり、天地創造の前に時間（歴史）は存在しないのであるが、そうであるとすれば、ダーウィンの進

「最後の審判」には、エデンの園から神の審判まで直線的に流れる時間が描かれている。フランス、コンクのサント＝フォワ教会の浅浮彫「最後の審判」、12世紀前半のもの。

化論は神による天地創造の否定であり、その痕跡である化石の発見をどう説明するのかという問題が敬虔なキリスト教者であったゴスには大問題となったためである。ボルヘスの『続審問』に収録されている『天地創造とP・H・ゴス』によれば、「ミルは神の未来の行為によって中断されることもある、因果律に支配された無限時間を想像するが、ゴスは天地創造という神の過去の行為によって中断された、厳格に因果律に支配される無限時間を想像する。状態nは不可避的に状態vを生み出すであろうが、v以前に世界に最後の審判が下るかもしれない。状態nは状態cを前提にしているが、世界がfまたはhの時点で創造されたために、状態cは現実には起こらなかった」というのがゴスの説であると言う。つまり、ニュートンの「絶対時間」を前提として、因果律を完全に捉えるなら、「不確かなものは何一つなく、未来といえども過去と同じように見とおせる」という《ラプラスの魔》に行き着くことになるが、この論理世界に、神が登場し、天地創造を成すとしたら、その因果関係はどうなるのかという問題であった。ミルのようにそれが未来であればその時点で時間は中断されるが、過去であるなら（現にこの世界が存在するのであるから、天地創造はなされたはずであるが）、天地創造以前の出来事は起こらなかったと結論づけたのである。ゴスは、「状態nは状態cを前提にしているが」、神の天地創造という行為によって、「世界がfまたはhの時点で創造されたために、状態cは現実には起こらなかった」として、状態bやcという原因には具体的な痕跡が残ってはいるものの、実際に原因として存在したものは、聖書でいう天地創造以後のものに限られると言うのである。つまり、「ルハンの谷にはグリプトドンの化石がある。しかし、グリプトドンは実際には存在しなかった」（ボルヘス）と結論づけたのである。たしかに、「時間、空間、位置、運動については、だれでもよくわかっている」（ニュートン）かのように思われるが、一歩踏み込んで考えてみると、さまざまな問題が含まれている。たとえば、天地創造とともに時間がつくられたことをダーウィンのように認めないとすれば、時間は永遠から永遠にいたるものであるのか？　永遠から永遠にいたるとすれば、それはどういうことかが問題になってくる。そして、もし時間が無限に流れるとすれば、その時間のなかでは、すべての価値が決定されることはない。ニーチェが「神は死んだ」と言ったとき、それは、天地創造とともに始まった時間が最後の審判という目標を失ったことを意味しているのである。

歴史家のＥ・Ｈ・カーによれば、「近代の歴史記述の創始者である啓蒙時代の合理主義者たちは、ユダヤ教的キリスト教的目的論は依然として保持しておりましたが、しかし、ゴールを現世化しました。こうして、彼らは歴史的過程そのものの合理的性格を回復することが出来た」（『歴史と何か』）のだという。つまり、「歴史は、地上における人間の状態の完成というゴールに向う進歩であるということになった」のだが、合理主義者たちのいう「歴史の進歩」とは何かが曖昧にされたまま、人びとは人間の可能性の漸次的発展を漠然と信じることになったというのである。

その結果、無限の時間の中では、歴史の発展の方向性は見いだせないにもかかわらず、Ｅ・Ｈ・カーは、この方向性を見いだそうと苦闘することになったのである。というのも、彼にとって歴史の意味とは、われわれがそこから出てきた暗がり（過去）を振り返って熱心に見つめると、そこから射してくる微光がわれわれに踏み出す方向（未来）を照らしてくれることにあると考えるからである。これは、歴史の意味や方法を語っているようであるが、単純に言ってしまえば、現在のわずか数歩前後を局所的に見いだすしか方法はないということである。

「歴史における絶対者というのは、まだ未完成な、生成の途上にある或るもの――それへ向って私たちが進む未来にある或るもので、私たちがそれへ進むにつれてようやく形が出来るようなもの、また、私たちが前進するにつれて、その光に照らして過去に対する私たちの解釈に次第に形が与えられるようなものなのです。これは、歴史の意味は最後の審判の日に啓示されるという宗教的神話の背後に潜む現世的な真理であります」。

これは、最後の審判が復活している点でも、「神はすべてを見ておられる（＝いずれ歴史が証明する）」という引かれ者の小唄のヴァリエーションと言えるであろう。こうした自己満足的なゴールを拒否して、この無限の時間の中で、全く異なった方法で方向性を見いだそうとしたのが、埴谷雄高である。

死んでしまつたものはもう何事も語らない。
ついにやつてこないものはその充たされない苦痛を私達に訴えない。

（『還元的リアリズム』）

と言う埴谷は、『死霊』のなかの夢魔に、無限の時間の果ての世界（死者たちの棲家）からやってきて「存在の革命」を説かせるが、この「存在の革命」が無限の時間の中での方向性なのである。E・H・カーのように「まだ未完成な、生成の途上にある或るもの」という「歴史における絶対者」から方向性を定めるのではなく、無限の時間の果ての果ての世界からこの世界に来た夢魔が方向性を語るのである。

「もし俺達のあいだで『時間と空間』がなんらかの幅をもつていれば——例えば、無限という幅をもつていれば、俺が無限になるか、それとも、無限が俺自身にならなければ、いいかな、俺達は発端と終末のちようど中間あたりに永劫にぶらさがつている極微の蜘蛛の細い絲にしかすぎず、究極の革命のかたちなどとうていそこに思い描きもできやしないのだ」（『死霊』第五章「夢魔の世界」）。

埴谷の言う無限の時間の果ての「窮極の革命」とは、おそらく実在の世界ではなく、例えばプロティノスが言っている「永遠」の世界と類似のものと考えてよいものであろう。プロティノスによれば、「永遠」とは、「時間」に先立つ無時間的なもので、この「永遠」がわれわれの魂に受け止められるときに、「時間」が必要とされるというのであるが、埴谷の「夢魔」は、《意識＝存在》の世界にいて、われわれの想念にのってやってくるのである。

埴谷雄高が時間を直線的に流れるものと考えているかどうかは明瞭ではないが、夢魔以外にも、『死霊』に登場する青服や黒服もまた、その無限の果ての、あるいは時間に先立つ世界から流れる時間にのってやってくると考えられる。この無限の果ての世界がわれわれの魂に受け止められるまでの時間は念速という一瞬である。そして、そのとき、『死靈』の主なる登場者（三輪与志、三輪高志、矢場徹吾）たちが語る幻視の世界が、ことごとく夢としてしか語られないのは、無限の果てにあるその世界は夢によってしか捉えられないからなのである。

この夢と永遠の関係について、ボルヘスは、「永遠とは全ての瞬間の同時的で鮮明な所有であり、神的属性の一つでもある。ダンは驚くべきことに、永遠が既にわれわれのものであること、またわれわれが夜毎見る夢はそのことを確証しているとかんがえる。彼の言うところによれば、直前の過去と直後の未来は、われわれの夢のなかで同時に流れている。目ざめているとき、われわれは継続する時間のなかを一定した速さで進む。ところが夢のなかでは、極めて庞大な領域を一気に跳び越える。夢を見るとは、覚醒時に見たものを整理し、そこから一つの物語または物語群を紡ぎだすことである」と言っているが、埴谷の考える〈夢と「存在の革命」との関係〉もまた、これと相似的と言えるのではないだろうか。そして、「窮極の革命」の端緒とはいかなるものかが語られる。

「時間と空間にそのはしのはしまで皆目縛られない宇宙、それは嘗てあり得なかつたところの《非の宇宙》と名づけられ、いつてみれば、それは「満たされざる魂」を「無限大の自由」へ向つて変容せしめようとしつづける嘗てなく、また将来もないだろうところの不可思議超絶な試み、即ち一冊の架空の上の架空の、仮象のなかの仮象の書物のなかだけにしかまず表示し得ざるところの全宇宙史を通じてまつたくはじめての「全的魂連鎖」の霊妙精密な無限連鎖の不可測不思議な響きを響かせるいわば生を超えた生の徴標を全的に携えた詩的な超精霊つまり「自在者」が浮遊する太初の自在宇宙のはじまりのはじまりにほかならぬ」（『死霊』第七章「最後の審判」）。

こうして、埴谷は、「満たされざる魂」を「無限大の自由」へ向かって変容せしめようとしつづける営てなく、また将来もないだろうところの不可思議超絶な試みを提起するのである。

不連続的時間

ところで、「時間は運動ではないが、運動なしに存在するものでもない」（アリストテレス『自然学』）とすれば、これまで述べてきた〝円環的時間〟や〝直線的時間〟は、因果関係の結果として現れる運動の形が円環的・直線的なのであって時間の形ではないと考えるべきかもしれない。そもそも、不可逆的に流れると言われている時間は、時間が不可逆的なのではなく、運動による変化が不可逆（熱力学第二法則）であることによるためである。

しかし、古代ギリシアのゼノンは、有名な「飛ぶ矢のパラドクス」で、運動があることすら否定している。

(1)どんなものも、ある瞬間に、ある一つの場所を占める場合、静止している。
(2)矢は、飛んでいる間のどの瞬間においても、ある一つの場所を占める。

(3)ゆえに、矢は、飛んでいる間のどの瞬間においても、静止している。
(4)飛んでいる間の時間は、その間の瞬間から成り立っている。
(5)ゆえに、矢は、飛んでいる間じゅう静止している。

簡単に言えば、「飛んでいる矢は、瞬間々々にはある一点に位置して止まっている。それはどの瞬間についても言えるのであり、結局、飛んでいる間じゅう矢は止まっている」というのである。つまり、運動しているようには見えるのは見かけだけのことで、静止の連続こそが本当の姿であることになる。たとえば、映画の中で人物や動物などが動いているのは、静止した一コマ一コマが連続して繋がっているから動いて見えるのであり、動いているように見えるのは見かけのことにすぎないというのである。そこでは、ヴァレリーが詩っているように、時間は飛ばない矢で射殺されてしまうのである。

ゼノンよ！　残酷なゼノン！　エレアのゼノン！
おまえは私を射抜いたか、あの翼ある矢、
ふるえ、飛び、しかも飛ばない矢で！
音が私を生み　矢が私を殺す！
ああ！　太陽……　魂にとっては何という
亀の影、足どり大きく　しかも不動のアキレウス！

（ヴァレリー「海辺の墓地」）

これに対して、アリストテレスは、「長さ〔距離〕が点から、時間が今から成るというような仕方で、点は点と、今は今と継続的なのでもない」のであり、持続的な時間と瞬間との関係は全体と部分の関係ではないとして、ゼノンのパラドクスを批判している。つまり、矢の飛んでいる間の時間は、瞬間を合わせたものではないのであるから、「飛んでいる間の時間は、その間の瞬間から成り立っている」というゼノンの命題は誤りであるとしているのである。

たしかに、ゼノンのパラドクスは、アリストテレスが批判したとおりの詭弁ともいえる（ただし、アリストテレスは、その論理性は認めている）が、しかし、ゼノンの真意は、運動を否定することにあったのではなく、「多数性」（分割）を認めて「運動」を分析すれば、「運動」が不可能なことになってしまうことに注意を促そうとしたのである。つまり、ゼノンの師パルメニデスが言うように、「一」こそが世界の真の姿であると言いたかったものと思われる。先の映画の例で言えば、一コマ一コマをそれぞれ一個と考えて、夥しいコマ（多数性）があると考えれば、そこに「運動」は存在せず、ばらばらなコマがあるだけである。しかし、そのコマがリールの回転となることで運動が成り立つとすれば、そこに無数のコマをすべて統一する（回転させる）絶対最大者としての「一者《ト・ヘン》」が存在するということになる。このパルメニデスの「一」という概念は、のちのキリスト教神学でも重要な意味を持っており、ニコラウス・クザーヌスは「われわれの比較商量的な分析によって構想された思惟的存在にほかならぬ数は、その原理として一を必然的に前提しているのであって、これを欠くときは数の存在すら不可能であるが、この無限の一に由来する事物の多は、この一に対して、それなしには存在しえないというような関係にある」（『学識ある無知について』Ⅰ・五）と述べている。

言ってみれば、ゼノンの論理は、時間を「不連続の瞬間の羅列」（多）とすることによって、「持続的な時間と瞬間」を全体と部分の関係にしてしまっている、つまり、各瞬間のすべてを含む時間という「一者」を否定することになっているのである。それによって、運動もまた、映画のコマのように分割されてしまったのである。

この論争は、運動と時間とが、それだけ密接に結びついた関係であることを意味するものである。実際に、われわれは、運動や変化についてまわる因果関係を時間の経過として見ているのであり、因果関係とは原因と結果を結びつける主観があって初めて成り立つものであることを知っている。このように超越的主観性の領域でしか因果関係を論じることはできないにもかかわらず、客観性に重きを置こうとする近代科学思想は、客観の側に因果関係があるとしたのである。時間についても、また同様で、「内的時間」と「客観的時間」の区別もせずに、計測された時間を机の上にボールでも並べるように、経過しつつある諸瞬間を空間に並べ、空間の同時的位置を数えることが時間を把握することだとするのである。しかし、この「客観的時間」は、ベルクソンが言うように、本当の経過＝持続しつつある時間ではなく、経過し終わった時間、つまり時の経過が空間的に投影されたその影にすぎないのである。

あるいは、フッサールの言ったように、「根元的意識」が時間的変様の絶対的出発点であるとすれば、近代科学の陥穽は「根源的意識」を考慮せずに時間を客観的に扱ったことにあり、個別的主観を離れた普遍的立場を主張したことにある。

この因果関係について、自然科学的実証主義と思弁哲学の調和を試みたドイツの哲学者ヘルマン・ロッツェの例を挙げて、ボルヘスはこう言っている。「物体Aと物体Bが独立したものであるなら、AのBに対する影響を仮定することは、第三の要因Cを仮定することである。CがBに作用するためには第四の要因Dが必要であろうが、DはEなくして作用することはできないであろうし、EはFなくして作用することはできないであろう」というロッツェの論理は、無限後退を果てしなく増殖することになり、それを断ち切るために、ロッツェはこの世界にはただ一つのもの——スピノザの神に匹敵する、無限で絶対的な実体——があるだけだという結論を引き出した、と。その実体によって、転移する原因は内在的原因に変わり、事象は宇宙なる実体の顕現ないし様態に変わるからである。これは言ってみれば、ゼノンの「飛ぶ矢のパラドクス」論争の最後に、パルメニデスの「一」が結論として現れた経緯とまったく同じである。

このことは、逆に言えば、運動（因果関係）も時間も、全的な「一者」がなければ、無限後退に陥るということである。運動の否定に対応しているのは、無数の瞬間であり、ここでもまた無限後退が顔を覗かせることになる。ボルヘスは、この無限後退の地獄を、「他の全ての観念を腐敗させ混乱させる一つの観念がある。わたしは《悪》のことを言っているのではない。その及ぶ範囲は倫理という限られた領域でしかないのだから。わたしが言っているのは無限のことである」（『亀の化身たち』）として、〝無限〟という概念を導入すると、それまで、ひとつの連続に見えていた自然の空間や時間や数が、「多数性」に解体されてしまうことを指摘している。

　このことを数理的に証明しようとしたのが、ドイツの数学者ゲオルグ・カントールであった。

「自然の級数はじつに整然と並んでいるが、それは、その級数を構成する項が連続的だというのに等しい。28は29に先行し、27に後続している。しかし空間の点の連なり（あるいは時間の一瞬一瞬の連なり）はそのように並べることはできない。どんな数も直接それに後続あるいは先行する数をもってはいないのである。それは分数を大きさの順に並べようとする場合の級数のようだ。$\frac{1}{2}$の次にはどんな分数を並べればいいだろうか。$\frac{51}{100}$ではない、なぜなら$\frac{101}{200}$のほうが近いから。$\frac{101}{200}$ではない、なぜなら$\frac{201}{400}$のほうが近いから。$\frac{201}{400}$ではない、なぜなら……」。

　この無限分割は、カントールによれば、点についても事情は同じである。そして、一つの無限の集合は——例えば、すべての数の自然な配列は——その各項が、無限級数におけるそれぞれの順番において、それぞれ折り畳まれていた部分を展開して見せることのできるような集合である、と言う。

　このように、無限とは集合として存在するだけで、個としては無限に後退していくのであり、ボルヘスが言うように、「他の全ての観念を腐敗させ混乱させる一つの観念」であるが、そこにわれわれの知性では把握しえない深淵が貌を覗かせているといえる。たとえば、キリスト教神学者であり、哲学者であったニコラウス・クザーヌスは、無限について、「もしも無限の線があるならば、それは直線であり、三角形であり、円であり、球であること、同様に、もしも無限の球があるならば、それは円であり、三角形であり、線である」(『学識ある無知について』Ｉ・一三)と語っている。これは全的な「一者」、あるいは神の概念についての入口といえるが、私は、これを読むと、どうしてもボルヘスの『バベルの図書館』を想起せざるをえないのである。

「(他の者たちは図書館と呼んでいるが)宇宙は、真ん中に大きな換気孔があり、きわめて低い手すりで囲まれた、不定数の、おそらく無限数に六角形の回廊で成り立っている。どの六角形からも、それこそ際限なく、上の階と下の階が眺められる。回廊の位置は変化がない。一辺につき長い本棚が五段で、計二十段。それらが二辺をのぞいたすべてを埋めている」(『バベルの図書館』)。

この図書館は、「その厳密な中心が任意の六角形であり、その円周は到達の不可能な球体」であり、「広大な図書館に、おなじ本は二冊ない」という。この本とは、おそらくプラトン哲学の形相を喩えているのであり、同時に、集合における元と考えられる。『不思議の国のアリス』の作者で数学者のルイス・キャロルが書いた長編小説『シルヴィとブルーノ』には、「もし私たちが思想というものを因数とみたら、私たちすべての心の最小公倍数はすべて書籍の思想を含んでいるのではないか」と述べられているが、まさに、この「バベルの図書館」は、すべての思想の最小公倍数が収められ、おなじ本は二冊とない図書館なのである。そして、プロティノスの言うように、質料はあたかも鏡がもろもろの形相を受容できるようにして万般の形相を受容するだけの能動性でしかなく、これらの形相が質料を、変質させることなく攪拌し、生命を宿らせるのである。この図書館で生理に関わるものは、「ホールの左右に二つの小部屋」があるだけであり、「ひとつは立って眠るため、もうひとつは排泄のため」の小部屋である。つまり、この図書館は宇宙全体であり、その中に永遠のイデアをも含んだ世界なのである。

かつて、宇宙全体である図書館が探索されたことがある。「人類の根源的な神秘」である「図書館と時間の起源の解明が期待された。これらの重大な神秘が言葉で説明できることはたしかである」。しかし、この図書館は迷宮であり、調査官はいつも疲れ切って戻ってくる。そして、あやうく死にかけたという段の欠けた階段のこと、司書のいる回廊や階段のことを語る。人間たちは六角形を駆けずり回っているのである。

ボルヘスは『永遠の歴史』で、そのイデアについて、「例えば三角形性。空間の中には存在しない、そして、等辺だの不等辺だの二等辺だのと自己を中傷するようなことは好まない、三辺をもつ卓越した多角形（私はやはりそれも捨てはしない。それは幾何学の入門書に出てくるものだ）。例えば必然性、理性、遅滞、関係、考慮、大きさ、秩序、悠長、位置、宣言、無秩序。形相にまで高められたこれらの思考の便利な産物は、私にはどう考えていいかわからない。死と熱病と狂気の助けがなくては誰もそういうものは直観できないだろうと思う。そうだ、それらすべてを包含し、それらを高めるもう一つの原型のことを忘れていた。つまり永遠ということだが、その細切れにされた複写が時間なのである」と言う。

その永遠の世界の反映が現実の世界であるとすれば、現実の時間は、鏡に映った細切れの時間で、真の時間ともいえるものは永遠の世界の側にあるということだろう。

「ホールに一枚鏡がかかっていて、ものの姿を忠実に複写している。この鏡を見て人間たちは、よく、図書館は無限大ではないと推論する（実際にそうだとすれば、この幻の複写は、いったい何のためなのか？）。わたしはむしろ、その磨かれた表面こそは無限をかたどり、約束するものだと夢想したい……」（『バベルの図書館』）。

そこでは、当然、主観の形式としてではない（運動とは異なった実在としての）時間が考えられているのである。そして、無限をかたどる磨かれた表面とは、無限（の次元）の世界が現実の三次元の世界に影を落とすときの鏡だということではないだろうか。

四次元連続体と座標時間

一八五四年、ドイツの数学者ベルンハルド・リーマンは、ゲッチンゲン大学における就職講演で、「従来の三次元空間は、一般的な三次元幾何学の特別な場合にほかならぬ」と述べている。

ここで、リーマンが言う「一般的な三次元幾何学の特別な場合」とは何を意味するのであろうか？　まず、われわれが普通「幾何学」という言葉で意味するものは、二次元の平面上の幾何学、すなわち、ユークリッドの幾何学である。しかし、二次元幾何学には、平面幾何学と球面幾何学があることは容易に理解されるであろう。地球の表面や卵の表面のような面を考える幾何学もある。この場合、球面ではどこも曲率が一定しているが、卵の表面では曲率（とりあえず、曲がり具合と考えてよい）は場所によって異なる。この二次元幾何学における面の曲率が三次元立体にそなわる曲率の現れと考えるなら、つまり、地球の表面の曲率は地球という球体にそなわっているものであるとするなら、三次元の曲率に対しては、必然的にそれをそなえた四次元世界がなければならないということである。われわれがユークリッド幾何学的に考えている三次元空間とは、互いに垂直に交わるx、y、zの三つの直線軸の座標（デカルト座標）で表わされるものであり、三次元における曲率がゼロの場合であるが、それを、リーマンは、非ユークリッド三次元幾何学に対して「一般的な三次元幾何学の特別な場合」と言ったのである。

　稲垣足穂の『宇宙論入門』に、その説明が比喩的になされているので、引用してみよう。「ここに、線上にしか住めない線生物がいるとすれば、かれは前方にいる仲間を追いぬくわけにはゆかないであろう。かれらの世界とは直角になっているいま一つ別の方向がある、と気づいたときに、かれは道をそらしてわきから仲間の前方に出ることが可能なのである。けれどもいったん円に取り囲まれたならば、どうすることもできない。円周を飛びこえることを知ったときに、かれは初めてわれわれと同じ立体生物に進化するであろう。さればと云って、じつのところわれわれも面生物の一種である。われわれの左右にならんだ二箇の眼球は、さきに述べたように、明らかに楕円世界のためにそなえられたもので、しかも距離判定はせいぜいのところ眼前六キロを出ない。もしいったん上下の方向となれば、高い立木のてッぺんさえ正確にへだたりが云いあてられない。なるほどわれわれは飛行機を発明した。けれどもここにエンピツで直径六センチの図をえがき、地球に見立てる。この線の幅が〇・二ミリあるとする。ところがこの線の厚さの四分の一の所が、現代気象学がやっと手を伸ばしえた成層圏にあたるから、他のことはおして知るべしである。それでも円周を飛びこえる面生物くらいにはたとえてよい。ところでこの立体界の入口で、われわれは行きづまってしまった」。なぜ行き詰ってしまったのかと言えば、三次元の曲率に対して想定される四次元の空間をわれわれが感知することは不可能だからである。四次元世界とは単に数学的に理解されるだけなのである。その不可能な世界を、足穂は、想像力をはたらかせてあえて描いている。

われわれは三次元空間の生物であるが、四次元世界の生物であれば、「われわれは、左の手袋を裏返してそれをやはり左手の手袋として使用する。輪を切らずにクサリを解く。ゴムマリをそのまま裏返しにする。ユビワを投げて電線の中途に通すこともできるであろう。さらに、十字架形のボール紙を折りまげて箱を作るように、八箇のつながった立方体を折りたたんで「超骰子」を製作するであろう。直線をじくとして物体を廻転させるように、そのときには平面をじくとする廻転が可能なわけだ。平面の軸を持った車輪を使用することになる。また、こんな世界には、錐の先端であける孔と、線を用いてあける孔と、面によってあける孔とがあることになる。ようかんを切るには糸かナイフが必要であるが、新らしい世界には立体の刃を持つ鉋丁があるはずである。いやすでにそのような立体の刃先で切断した四次元世界の表面が、現にわれわれが住んでいる三次元空間ではないのか」というのがその想像である。

だが、かりに数学的なものとしても、立体四次元、四次元空間とはどこにあるのであろうか？　また、その世界はわれわれの世界とどう関係するのであろうか？

われわれの世界は三次元空間であるが、その世界である事件が起こったとき、われわれは、「いつ」「どこで」というかたちで起こった事件を定める。三次元空間で、ある一点を決めるのには、互いに垂直な三つの平面を想定し、それぞれ上下、左右、前後の物差であるx、y、zという三つの「座標」を用いる（垂直な座標でなくとも可能であるが、三つ一組の数値が必要である）が、これは場所を決定できても、時間が決められなければ、生じた事件は定められない。つまり、われわれの世界の事件の記述には、つねに（x、y、z、t）という四変数を用いなければならないのである。

例えば、温度をTとして表わす場合に、気体中であれ、液体中であれ、あるいは固体の表面や中であれ、場所が違えば温度は違う。そして、同じ場所でも時刻が違えば、温度が異なるので、T＝（x、y、z、t）と表わされる。このほかにも、電界E、磁界H、物質の密度ρ《ロウ》、電流密度Iなど、すべてが場所と時間の関数として表わされる。

この時間とは、物理的な量であり、過去から未来に続いている一次元の世界である。空間は三次元であるのに、なぜ時間は一次元なのかと疑問をいだいても、解答は得られない。もし時間が二次元であるなら前方の仲間を「道をそらしてわきから」追い越したり戻ったりすることができるが、そうではないので、SF小説の『タイム・マシン』のような逆向きの時間経過というのはない。よく聞かれるのは、「空間は三次元で時間は一次元であるから、時間を四番目の次元として、この世界は四次元である」という意見であるが、フランスの百科全書派のダランベールに始まる「第四の次元としての時間」という論理は、果たして本当にそう言えるのであろうか。

リトアニア生まれのドイツの数学者ヘルマン・ミンコフスキーは、一九〇八年の秋、ケルンで開かれた万国科学者大会の講演で、「今日以後、空間だけの空間、時間だけの時間は単なる影に薄れる運命にあり、両者の一種の結合だけが自立した実在性を維持するであろう」と述べている。それまで無視されてきた時間を考慮に入れなければ、物理学は成り立たないという考えは理解できるにしても、その「両者の一種の結合」とはどういうことであろうか。確かに、物体の運動の速度や距離を定めるには、時間を除いて考えることはできない。そこで、デカルト座標の三つの軸x、y、zに、ミンコフスキーは、時間を表わす物差tを加えた。それは時間と空間の結合したものであり、この統一時空界は「ミンコフスキー時空連続体」と呼ばれたが、そこでは、x、y、z、tの四つの軸は、どれも同じ価値を持ち、どれを時間、どれを空間と区別する必要の認めないものとされたのである。これは、ニュートンが「主観によらず均一に流れる定量の時間」とした「絶対時間」を、客体化された空間と合わせて四次元連続体としたもので、言ってみれば、時空を物体の入れ物としたということである。そして、この入れ物の中で、測定される点は「世界点」、この世界点が時空界において描く線が「世界線」と名づけられたのである。

実際、それ以降、彼の述べたとおり、「物理学は四次元幾何学の第一章」となったのである。しかし、四つの軸のどれを時間、どれを空間と区別する必要を認めないというのはどういうことだろうか。時間と空間は似ているとは言えないし、時間を四番目の次元にするという考えは、こじつけのように思われる。にもかかわらず、相対論を打ち立てたアインシュタインもまた、時間と空間の同等性を主張したのである。

この四次元の世界では、時間のｔ軸を座標に加えるにあたって、ｔをｘ、ｙ、ｚのいずれに対しても直角だけ回転させるためには、マイナス1の平方根、すなわち、$\sqrt{-1}$が記号として用いられる。「虚数」と呼ばれ、われわれの想像上にだけある数だと言われる。だが、数というもの自体がわれわれの頭の中にあるものだとすれば、すべての数は虚数といえないこともない。いずれにしても、「虚数」の上に四次元空間が設定されたといっても、立方体がある角度から見ると超立方体になるわけでもなく、肩透かしを食ったような印象が残らざるをえない。そもそも、もしこの世界が四次元の世界であるとすれば、なぜわれわれには三次元空間にしか見えないのであろうか。

それは、われわれが四次元空間の時間軸に垂直な断面に住んでいるせいだと考えられる。例えば、二次元の生物が棒を見るとする。棒が面内にあれば棒の長さをそのまま認められるが、棒が三次元空間に入っていて、二次元平面との角度がだんだん大きくなっていったら、二次元の生物から見れば、棒の長さがだんだん短くなっていくように見える。棒が垂直になれば、長さは０《ゼロ》である。つまり、四次元空間の時間軸に垂直な断面（四次元では面ではなく立体であるが）に住んでいるわれわれには、時間軸の値は０にしか見えないのである。

三次元空間で棒を垂直にしていくということは、たとえば、数式で言えば、$x^2+y^2+z^2$という不変量のうちで、xを小さくしてzを大きくすることである。同様に、四次元空間の不変量$x^2+y^2+z^2-(ct)^2$のうちで、xを小さくすると、四番目の項$-(ct)^2$も変化して、四つの項の和が一定に保たれることがわかっている。このように、xが小さくなって$-(ct)^2$が変化するという数式が成り立つことを四次元の世界での操作に翻訳すると、第四番目の軸にそって棒を傾けていくということになる。時間軸に垂直な三次元断面から、時間軸の方向に傾き始めたということである。言い方を換えれば、棒がだんだんに四次元空間に入っていき、短くなって点になると解釈することができるのである。球体も三次元空間から四次元に空間に入っていけば、それまで宙に浮かんで見えていた球がだんだん小さくなってすーっと消えていく現象に喩えられる。

リーマンによると、「空間とは無限次元連続集合体の特別な場合である」ということであるから、ミンコフスキー四次元連続体はリーマンの言う「無限連続集合体」の一例に過ぎないということである。これは任意のｎ次元において成り立つのであるから、われわれの世界は四次元世界の断面と言えるであろう。

この四次元連続体の幾何学が、アインシュタイン宇宙モデルとなり、そこから、ド・ジッター宇宙モデルが提起され、現在のホーキングにいたる膨張宇宙論の基礎となっているのである。アインシュタインの捉えた宇宙がどのようなもので、現代宇宙論において時間はどのように生まれたと捉えられているのかは、第四章で見ることにする。

無数の個別な流れとしての時間

生涯を通して時間をテーマにしてきた詩人ボルヘスは、時間論の最大の難問は、公共的共通時間がどのようにして成り立つかであると考えていた。

時間に関して、「最大の難問は、ひとりひとりの個人的時間を数学の普遍的時間に合わせる問題で、それに対して最近の相対性論者たちが声を大にして警告を発してきたことは人みな記憶するところ——あるいはついこの間記憶に刻みつけたばかりであることを記憶しているところである」（『永遠の歴史』）と。

この問題は確かに難問ではあるが、われわれは、すでに第一章で、「根元的与件」ともいうべき「感覚与件」がわれわれの内部で意識の「志向性」によって継起的に秩序づけられるときに生ずる「内的時間」が、対象化＝客観化されることによって、「客観的時間」が構成されることを見てきた。この「内的時間」が現出するとき、その主体は非人称の〈誰でもない者（nobody）としての自己〉とも言うべきものであって、〈自己〉意識が成立する以前の状態と考えられる（フッサールは、現象学的な判断停止《エポケー》において意識の場の全体を露呈するのは、純粋な我《エゴ》であるとしているが、これはすでに主観の所在を我としているという問題がある〉。そして、その〈誰でもない者（nobody）としての自己〉が、〈他者〉と出会い、〈自己〉を意識すると同時に「内的時間」を意識し、その「内的時間」が対象化されることによって「客観的時間」が現出するのである。つまり、「内的時間」とは、われわれの〈自己〉意識が構成されるのと同時的に成り立ち、「内的時間」の対象化としての「客観的時間」は、われわれと他者との社会的共存の上に成り立つ時間であり、公共的共通時間である。言い換えれば、全き普遍的な存在である〈誰でもない者（nobody）〉が条件づけられて〈自己〉となると同時に、「内的時間」が「客観的時間」として現出するのである。

この同時的公共的共通時間は、われわれ各自に固有に存在する心的時間から現出するものとはいえ、それが外界の対象に仮託される形で共通性が形づくられ、計測される。天体の運動や、水の流れ、砂の零れ落ちる動きに仮託して時間が空間化され、共有されるのである。

しかし、この共有されるかたちは、社会全体の標準時のようなかたちで常に共有されているると考えることもできるが、個別の時間が川のように分流し、合流し、並行して流れるところに現出するものと考えることもできる。つまり、ボルヘスが言うように、「もしも時間が一つの心的過程であるならば、どうして幾千の人間が、あるいは二人の別々の人間でさえも、その一つの過程を分有できるのか？」（『永遠の歴史』）と形を変えて考えることもできるのである。すると、それぞれの流れが他者の流れと合流したとき縁が生じ、並行して流れていれば縁がなく、分流するとき縁が切れるとも考えられる。同時性とは、〈時計を見れば誰もが同じ時間を知るという）ひとつの共通の時間ではなく、それぞれの無数の個別の流れが網の結び目となって合流したところに成り立つということもできるのである。

　ボルヘスの『八岐の園』という小説は、ボルヘスの小説の作品名であると同時に、その中に同名の小説を書いた作者が登場する迷路のような作品であるが、その中で、ボルヘス自身は、「『八岐の園』は長い謎かけ、もしくは寓話であり、そのテーマは時間です」と述べている。そこで語られるのは、時間であるが、テーマを示す言葉をいっさい使わず、暗喩や迂言法によって描いているのである。

　その小説の中に登場する『八岐の園』の作者崔奔《さいぺん》は、「**余はさまざまな未来――すべての未来にあらず――にたいし、余の八岐の園をゆだねる**」という言葉を残しているが、「八岐の園」という庭園を持つ家に住む別の登場人物は、その言葉を読んで、「ほとんど即座に、わたしは理解しました。『八岐の園』とは、あの混沌とした小説だったのです。**さまざまな未来――すべての未来にあらず――**ということばは、空間ではなくて、時間のなかの分岐のイメージを示唆しました。作品ぜんたいを読みなおすことによって、この理論はたしかめられたのです。あらゆるフィクションでは、人間がさまざまな可能性に直面した場合、そのひとつをとり、他を捨てます。およそ解きほぐしようのない崔奔のフィクションでは、彼は――同時に――すべてをとる。それによって彼は、さまざまな未来を、さまざまな時間を**創造する**。そして、これらの時間がまた増殖し、分岐する」のだと言う。つまり、「八岐の園」とは、庭園でありながら、小説の形をとった時間論であり、一般に人間が可能性に直面した場合に、そのひとつをとり、他を捨てるところを、すべてをとることによって時間を創造しようとするものだったのである。

したがって、「『八岐の園』は、崔奔が考えていた世界の不完全な、しかし偽りのないイメージ」となるのである。そこでは、ニュートンの「絶対時間」とは異なり、均一ではない時間が流れている。時間の流れは、東洋の庭園の水流のように、せせらぎにも池にもなれば、滝のように速度も増す。時間の無限の系列があり、たがいに接近し、分岐し、交錯する。あるいは永久にすれ違いで終わる網目となって、この時間は**あらゆる**可能性をはらんでいる。そして、われわれはその大部分に存在することがない。ある時間にあなたは存在し、わたしは存在しない。べつの時間ではわたしが存在し、あなたは存在しない。また、べつの時間には二人ともに存在する。そうしたなかで、「八岐の園」という庭の持ち主は、作者崔奔の子孫である主人公にこう言うのである。

「好意的な偶然が与えてくれたこの時間に、あなたはわが家を尋ねてこられた。べつの時間では、あなたは庭園を横切ろうとして、わたしの死体を見つけられた。さらにべつの時間では、こんなことをしゃべっているわたしは、ひとつの誤謬であり、一個の幻なのです」。

つまり、「八岐の園」とは、無数の世界線の描かれる場所と言えるが、相対論者と異なるのは、二人ともに存在する時間とは（すなわち同時性とは）、お互いに未知ではあるが同じ過程が作用している二人の人間の心の中に、二つの同一の瞬間を仮定し得る、あるいはまた、ある一人の人間の心の中で、隔たった二つの時間の同一性を感得し、この二つの同一の瞬間は同じものではないのかと問うことが可能だとするところである。

そして、この無数に流れる時間は、また、鏡に映った永遠の時間の断片であり、複数としてわれわれは捉えるが、一つの原型の反映であると考えることもできるのである。

第三章　時間の対象化と計測用具

時間における最大の難問は、「ひとりひとりの個人的時間を数学の普遍的時間に合わせる問題」（ボルヘス）だとされるが、第一章で述べたように、「根元的与件」の継起的な秩序づけたる「内的時間」が、統握作用によって対象として意味を付与され、「客観的時間」として構成され、外的事物に仮託＝対象化されたとき、公共的共通時間が生みだされる。言い換えれば、「内的時間」の主体である〈誰でもない者（nobody）としての自己〉が他者と出会うとき、「内的時間」が「客観的時間」として条件づけられ、それが公共的共通時間として外的事物に仮託されるのである。

それでは、その外的事物への仮託作用とはどのようなものであるのか、つまり、「内的時間」から構成された「客観的時間」が、どのように公共的共通時間として生みだされるのであろうか。

自然のなかの時間

古代ギリシア七賢人のひとりであるミレトスのタレスは、星を見ながら歩いていて溝に落ちて助けられたとき、「タレスさま、あなたは足下にあるものさえ見ることがおできになららないのに、天上のものを知ることができるとお考えになっているのですか」と窘《たしな》められたという。

しかし、古代人が自然について論じ、天文学を研究したのは、足下にあるものを疎かにしたからではなく、天体の動きが人びとの生活と密接につながっていることを知っていたためである。タレスは自然について論じた最初の人であり、初めて至点から至点までの太陽の軌道を発見し、太陽の蝕を最初に予言した人でもある。

ギリシアのみならずバビロニアにおいても、人びとは星座の動きや太陽の動きによって、時間を測り、吉凶を占っていた。それ以前の石器時代の人びとがつくった巨大なモニュメントは、冬至の日の出を示しているといわれている。たとえば、イギリスのウィルトシャーのストーンヘンジはその中心軸が冬至の日没に合わされ、三四五〇年くらい前につくられたエジプトのルクソール西岸地区のハトシェプスト女王葬祭殿は冬至の日の出が礼拝所の壁のくぼみに到達するようにつくられているのである。

これは、人びとが星座や月や太陽の動きを観測すること（天文学）によって、時の流れを知り、日々の営みを決定したことを意味している。つまり、われわれの「客観的時間」を公共的共通時間としてかたちづくるには時間を空間化（天体の動きに変換）する必要があり、それによって日々の社会的営みを決していたのである。

現代人は、時計が時を刻み、時を打つことに馴れ、時計に従って行動しているが、人間がなんらかの時計を持つようになるまでには、何千年という長い歴史があったのである。その長い歴史のなかでは、時間を計測する時計がなくとも、狩猟をしたり、牧畜の番をしたり、野良仕事をするのに、なんの差しさわりもなく、時間は大まかにみつもられていたと考えられる。

ドイツの作家エルンスト・ユンガーの『砂時計の書』には、「時間を計測することを知らず、しかもおそらくそのことになんらの不便をも感じなかった昔の人々は、どのようにして日々の仕事を行なっていたのだろうか。大森林や大草原や大砂漠に時計なしに暮らす未開人を訪ねるなら、今日でもそれを知ることができる」として、〝時間を知ること〟と〝時間を計測すること〟とを区別し、「わたしたちが計測された時間を気にしなくなるのは、まさに気持ちよく心楽しく物事に熱中しているときである。わたしたちは時計にしたがって遊びはしない。少なくとも「スポーツ」と呼ばれる労働過程以外の遊び、つまりわたしたちが子供のように遊ぶ遊びにおいてはつねにそうである」と述べている。

たとえばサッカーなども、本来は遊びであったはずだが、スポーツとなったときから、「タイムアップまであと三分だ」「アディショナルタイムの間に得点をしなければ」というように、時間に規制されるようになったのである。それは、言い換えれば、サッカー遊戯が時間で測られる労働となったということである。そして、時間が測られるようになって、われわれは遊びを知らなくなったのである。

神よ、時間を最初に見つけた人間を、地上に日時計をもたらした者を呪いたまえ！　わが一日を無残に細かく切り刻んだ者を。

（マキウス・プラウトゥス）

同じように、魚釣りや狩猟をするときも、われわれは時計にしたがって行動することはなかった。夜明けとともに起き、獲物が釣れるまで、あるいは野獣を倒すまで、獲物を追い求める。ヘミングウェイの『老人と海』の主人公は一日中海で過ごす。日が暮れてやむなく家路につくことはあるが、時計にしたがって獲物を仕留めようと考えることはよほど特殊な場合でなければまずないであろう。そこでは、「時計が行動を規定するのではなく、行動の種類・内容が時間を規定するのである」。つまり、狩人や漁師や牧童は、計測された抽象的時間（時計で測った時間）にしたがうのではなく、具体的な活動に規定されたかぎりでの時間にしたがっていたのである。そして、その時間は、自然の流れの中の大まかなものであって、時刻表のようなものではなかったのである。

「古代人は、分単位の時間厳守などを知らなかったし、まして秒の『価値』（スポーツの記録《レコード》など）とは無縁だった。この点にかんして古典古代人の生活のひじょうに秀れた似姿を今日の東洋に見ることができるのだが、わたしたちの知るかぎり、このことはこれまで一度も指摘されたことはなかった。――東洋人は最悪の時間的損失（船が十二時間も延着し港で所在なく待たねばならないようなとき）さえ、わたしたちには理解しえない確固たる落ちつきをもって対処している。ここに古典古代のストア的平静との近縁を見ることができるかもしれない（より昔の苦楽超越主義者《ストイカー》はアジア人だった）。さらにまたわたしたちは、東洋に長く住んだヨーロッパの人々がこの生活態度を感激をもって賞めそやすのを聞いて、ひじょうに驚かされる。かれらは、わたしたちが大いに誇ってきた生活のテンポを神経を消耗させるだけのものとして、分単位の時間厳守などもその多くはまったくの杓子定規《ペダントリー》に堕落したものとして拒絶するのである。この議論においては、わたしたちは、古代人が分単位の時間的厳密さなどを知ることなく偉大な仕事を達成した事実を認めざるをえない」（『古典古代辞典』）のである。

現代では、そのアジア人もまた、古典古代人の似姿などではなくなってしまい、時間を時計で測らない生活などどこにも存在しなくなったのである。

時間の計測

時間が、具体的な活動に規定された時間から、計測された抽象的時間になるには、時間を計測する道具である時計が大きな役割を果たしていることは間違いない。言い換えれば、時計が現れて初めて人びとは、自分たちの活動や周囲の物事の動きとは関係のない抽象された時間を知ったのである。

それでは、その時計は、自然の動きを利用したもっとも単純な時計から、現代の原子時計にいたるまで、どのようにつくられ、変化してきたのであろうか。

①日時計

時計のない時代の人びとが自分一人で狩猟や魚釣りをするのではなく、人びとと落ち合う約束をするとき、どのように時間を決めたのだろうか？　ほかの人びととの共通時間を設定しなければならないとき、彼らは、おそらく、昼間なら太陽の位置を、夜なら星座や月の位置を目安としたのではないだろうか。

つまり、太陽の位置は物の影を規定することから、一定の長さのものであれば、その地上に落ちた影がどのくらいの長さになったときと決めること（時間の空間化）で、共通した時間が決められる。同じくらいの背丈の人であれば、自分の影が伸びる割合で時間を設定できる。それが日時計であった。このようにして人びとは、季節によって影の長さが異なることにも気づいたのであろうと思われる。

その影が太陽の位置を示す針として用いられる棒状のものは、「グノモン」（晷針《きしん》）と呼ばれるが、北極星を指すように地表に設置されれば、正確に太陽の位置を示す。グノモンとして使用されていたのではないかと推測されるものは、世界各地に残されているが、古代エジプトのオベリスクなども、副次的にはこの目的のためのものであったと思われる。とくに、古代ローマ皇帝アウグストゥスが、エジプトからローマに運んできたオベリスクをマルス広場に建てさせたことは広く知られている。

「神のごときアウグストゥスはマルス広場に設置されたオベリスクに、太陽の投げかける影を印し、そうして昼と夜の長さを測定するための驚くべき役割をあたえた。オベリスクの長さに準じた一個の敷石をつくらせ、夏至と冬至の六時における影の長さが敷石に刻まれた目

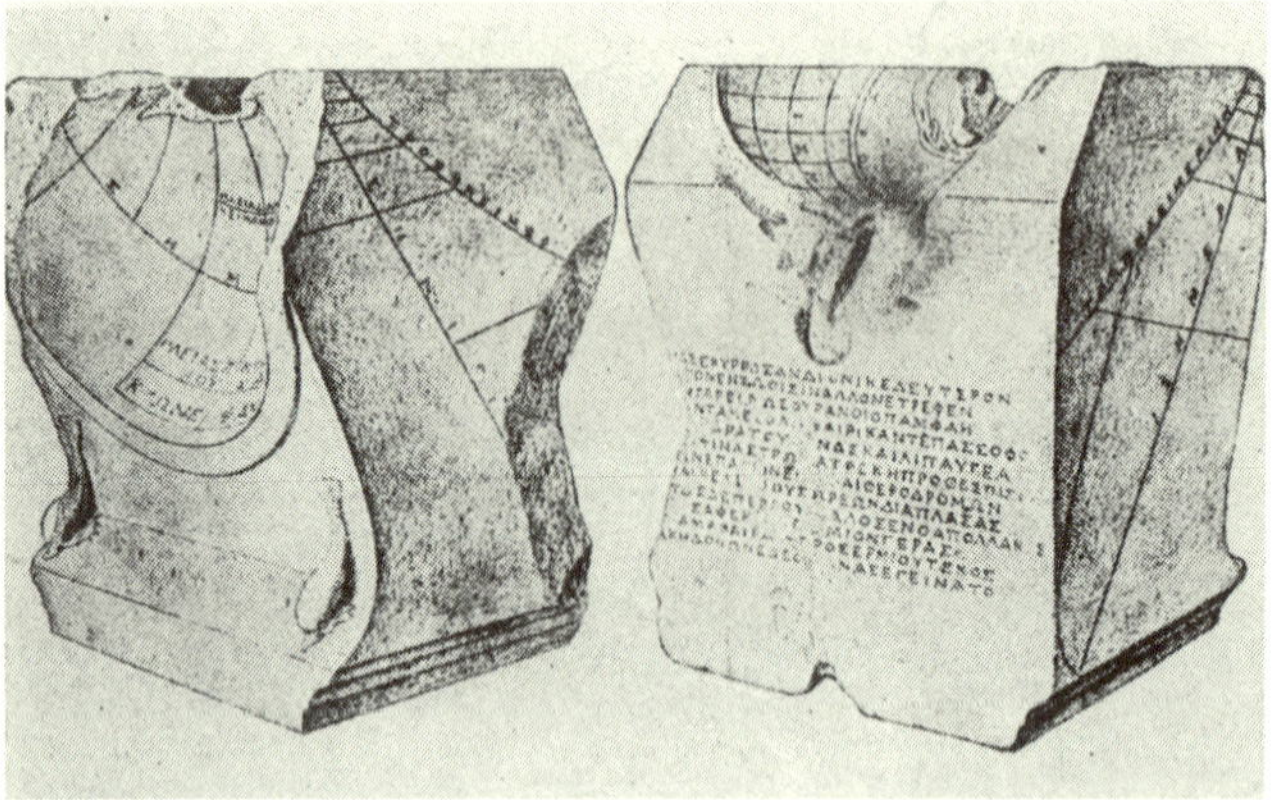

「アンドロニコスの日時計」。プリニウスの『博物誌』には、ファビウス・ウェスタリスによれば、最初の日時計は、ピュロスとの戦争の前11年に、ルキウス・パピリウス・クルソルが、父の遺言があったので、クイリヌス神殿を捧げた際、そこに建てた……とある。

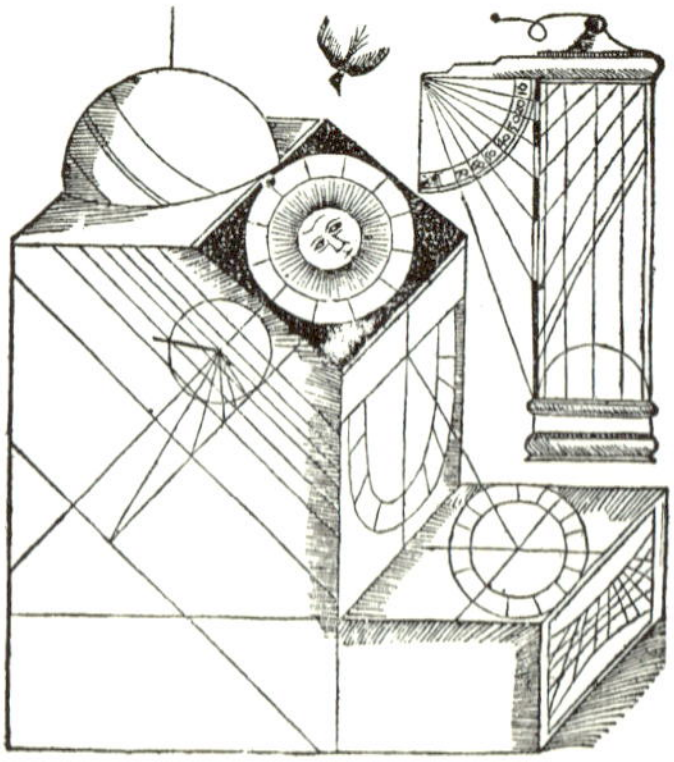

セバスティアン・ミュンスターの日時計、1533年。

盛りと等しくなるようにした。象眼した青銅の目盛を通って、影は日ごとに短くなったり長くなったりする。これは知られるに値する方法で、数学者ファクンドゥス・ノヴィウスの発明の才に負うものだった。この数学者はさらにオベリスクの先端に黄金の球体をかぶせて、頂点の影がちぢんだり、そうかと思うと途方もない長さにのびたりするのを見やすいようにした。彼はこの方法を人間の頭から思いついたという。最初のころは観測もうまくいっていたが、やがて三十年もたつうちに、その結果がもはや役に立たなくなってきた。その理由は、何らかの原因で天体の秩序に変化が生じて、太陽の動きそのものが変ったためかもしれない。あるいは地球の位置がそれ自身の中心からややずれたためかもしれない（他の場所でも同じことが観測されたことを私は聞き知った）。あるいはローマで感じられた地震が日時計をゆがめたためかもしれない。あるいはまた、テベレ河の氾濫が地盤沈下を生ぜしめたためかもしれない。土台を必要な高さだけ押しあげたというが、それでも駄目だったらしい」（プリニウス『博物誌』三六巻一五・澁澤龍彦訳）。

また、十九世紀末のフランスの作家ユイスマンスの小説『彼方に』や、ダン・ブラウンの『ダ・ヴィンチ・コード』の舞台としても使われているパリのサン・シュルピス教会には、復活祭の日取りを算定するためのグノモンがあり、南の小窓から日光が入るようになっている。一七四四年に天文学者ルモニエとラングロワによって設置されたもので、高度な日時計となっているのである。さらに、マコンの時計職人学校の校長クラウディウス・ソニエは、時間計測術の歴史に関する著書のなかで、懐中日時計や旅行用日時計、葡萄酒の高脚杯型の日時計など、さまざまな日時計を紹介している。

メルヴィルは『白鯨』の中で、「ナガス鯨」の背びれを日時計に喩えて、「この背びれは底辺が三、四フィートの鋭くとんがった頂点をもつ三角形をなし、背中の後部から垂直に立っている。体の他の部分はまったく水面下にかくれて見えないのに、この背びれだけが水面上にくっきり姿をあらわしている光景がときに見られる。海が適度に凪《な》ぎ、かすかなさざ波が輪をえがいてひろがり、そこにこの日時計の指時針のような背びれが立ちあがり、さざ波が輪を描く海面に影を投げかけるとき、背びれをかこむ水面の輪は波が時をきざむ日時計の目盛盤でもあるかのようである。だが、このアハズの日時計は影がしばしば逆行することがある」と記している。

「アハズの日時計」とは、記録に残っている最も古い日時計とされているが、『旧約聖書』「列王記下」(第二〇章)に出てくる話で、ユダヤの王ヒゼキヤが瀕死の病にかかったとき、主の力がどれほどのものかを日時計をつかってヒゼキヤに示されたという話である。自分の死の運命を知って泣くヒゼキヤに預言者イザヤが、「わたしはあなたをいやし、三日目にあなたは主の神殿に上れるだろう」という神の言葉を伝え、「ここに主によって与えられるしるしがあります。それによって主は約束なさったことを実現されることが分かります。影が十度進むか、十度戻るかです」と言ったとき、ヒゼキヤは答える。「影が十度伸びるのは容易なことです。むしろ影を十度後戻りさせてください」。そこで預言者イザヤが主に祈ると、主は日時計の影、アハズの日時計に落ちた影を十度後戻りさせられたというのである。

わが国にも、宮城県の塩釜神社の境内に、林子平《しへい》の製作した石造の日時計が残っている。吉田一穂の詩「後園」の一節に、

　明るく壊《こは》れがちな水盤の水の琶音《アルペジオ》。
　(日時計《サンダイアル》の蜥蜴よ)

と日時計が詠われているが、日時計《サンダイアル》には蜥蜴《サラマンドル》がよく似合う。

時計とはわれわれの「内的時間」を外部世界に投影して、自然現象の推移に仮託したものであり、日時計はさしあたり、星辰の昇降という誰もが目にする現象に時のリズムを見いだしたものである。それは、偶然、われわれが地球という時計の文字盤のように回転する惑星に生まれたために見いだされたものであり、地球の回転がなければ星辰の昇降に時のリズムを見いだすことはありえなかったはずである。

その後、星辰の昇降によって時間を計測する方法でなく、自然現象を利用して時間を計測する時計が現れてくる。ドメーニコ・マルティネッリが、「地球的要素《エレメント》の時計」と言ったものである。

②水時計

この「地球的要素《エレメント》の時計」は、天体の動きによる宇宙的時間測定器が循環的であるのに対

して、直線的であるといえる。つまり、「地球的要素の時計」とは、水や砂が流れ、漏れ、滑りゆく運動を利用したもので、時間を計測するのに、文字盤ではなく、物差しが使われた。一六六九年にヴェネツィアで『地球的要素時計』という本を刊行したドメーニコ・マルティネッリは、水、土、空気、火の原理を働かせた時計はそれぞれに性質は異なるけれども、そのいずれもが快適なものであると言っている。

たとえば、「クレプシドラ」（水盗人の意）と呼ばれた水時計は、古代バビロニアにおいて知られ、中国の古文書にも早くからその記述が見られるもので、ギリシアにおいては、紀元前四〇〇年ころにプラトンが初めて導入したといわれている。

この水時計は、比較的短い時間を限定するのに用いられ、古代ローマにおいては、法廷の弁論時間を制限するのに用いられていた。ここから、タキトゥスは水時計を「雄弁の手綱」と呼んだのである。法廷での時間測定器としての水時計は、ベックマンの『西洋事物起源』によれば、「すべての水を容器の穴から一滴一滴流出させて、もう一つの容器中に落下させるものであり、この容器の中には水に浮く軽い物体が入れてあり、水面が上昇するにつれて水面の高さを表示し、そしてそれによって経過した時間を表わしている。これらはすべて次の欠点をもっている。つまり、水は初めのうちは早く流出するが、後になると比較的ゆっくり流出する、よってこれは細心の注意と調整を必要とする」と記されている。

アテネの古代ローマのアゴラには、ギリシアの建築家アンドロニコスの造った「風の塔」と呼ばれる八角形の大理石の塔が今でも残っているが、塔の内部には水時計があり、屋根の上には風見のトリトン像（これは、現在残っていない）がついていて、これは日時計の役も果たしていたといわれる。

また、ローマの貴族たちは、時刻奴隷をもち、彼らを広場に行かせて水時計が何時を示しているかを見てこさせていたというから、日時計よりも信頼されていたようである。バビロニアにおいても、これより前に、布告人たちが水時計の時間を大声で告げ知らせていたといわれている。

アウグストゥス帝に建築長官として用いられたローマの建築家ウィトルウィウスは日時計や水時計の考案者として知られているが、彼の伝えるところによれば、アレキサンドリアのクテシビウスとその弟子のヘロンの発明した技巧的装飾水時計は驚くべきものであったという。「もっとも有名なのは柱状をしたかれの年・時計であり、それは月、週、日、時刻を示したばかりではなく、さまざまな天体現象の日時をも示していた。そしてアモル（恋の神）が柱にもたれて、愛なくして過ぎ去った時間を悼むかのように涙を注いでいた。だがこの涙はいたずらに注がれていたのではなく、細い導管を通っていま一人の少年の像をしだいにもちあげ、少年に杖で時刻をさし示させているのだった。さらに小窓から金属の器に石が落とされ、その音が時刻を告げていた」（『砂時計

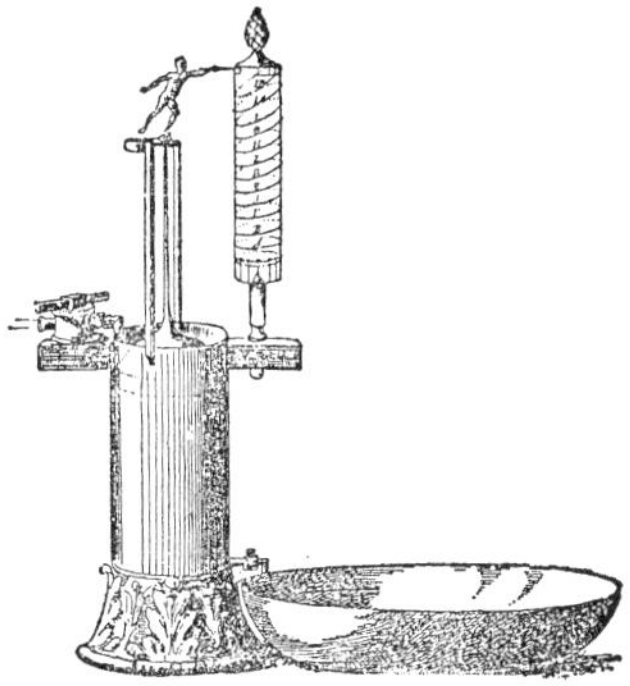

アレキサンドリアのクテシビウスの発明した水時計。

の書』）ということである。

古代ギリシア・ローマの医師で哲学者のセクストゥス・エンペイリコスによれば、カルデア人たちは、ある一つの星が一周する間ずっと水を小穴から流出させ、これを十二等分することで黄道十二宮とし、時間が地平線を通過する宮のおのおのと対応するような水時計をもっていたという。

ガザのキリスト教弁論家プロコピウスの伝える時計は、ガザ市の広場を飾っていたもので、上部に金属製のゴルゴンの頭があり、その頭が時刻ごとに目をぎょろつかせて人びとを気味悪がらせていたという。その下には十二の小窓があり、昼と夜の時刻を表わし、その文字盤を太陽神ヘリオスがゆっくりと照らして動き、昼間には時刻ごとに十二の門のひとつが開いてヘラクレスの十二功業を一つずつ示す仕掛けになっていたというのである。

ガザの装飾水時計。上部の金属製のゴルゴンが時刻ごとに目をぎょろつかせ、下部にはヘラクレスの十二の功業を示す仕掛けがあったといわれる。

アッバース朝のカリフ、ハルン・アル・ラシードがフランク王国のシャルルマーニュに贈った水時計は、毎時、シンバル型の鐘が鳴り、正午には十二騎士が乗馬で現れたと伝えられている。

水時計の考案者として、その後、実に多くの有名人が名を連ねているが、水を利用した装飾時計であることに変わりはない。この装飾時計のメカニズムが、後に現れる歯車時計の技術の基礎になっていったことは、おそらく間違いないであろう。水時計の考案者としては、ボエティウスやガリレイの名も挙がっている。そのほかにも、バロメータの改良者であるヨハン・ベルヌーイやパリ・アカデミー賞を十度も受賞したその息子のダニエル・ベルヌーイ、あるいは、イエズス会士アタナシウス・キルヒャーの発案による水時計もあるといわれている。

古代中国でも、一世紀ころ、クレプシドラと同じ原理を使った水時計が張衡《ちょうこう》によってつくられている。その後、宜興《ぎこう》が脱進機を開発し、それをつかって、一〇八八年に蘇頌《そしょう》が天文時計を動かしている。水運儀象台と呼ばれた時計塔は、高さ十メートルの装飾的なもので、時間を告げると同時に、天体の動きも示したという。

わが国でも、六六〇年に中大兄皇子が水時計を作り、六七一年から朝廷では十人の管理者を置き、鐘と太鼓で時を報じたといわれている。

また、古代インドには、寺院の僧侶たちが使っていたガーティという計時装置があった。真ん中に小さな穴をあけた直径二十センチほどの銅の舟型の器で、それを水で満たした鉢に浮かべ、穴から水が入ってきて水中に沈むまでのきっかり二十四分を一時間とした。つまり、インドでは、一日は六十時間と定められたが、一分の長さは現在の長さと同じであった。これなどは、水が流れだすことを利用したクレプシドラとは違ったかたちの水時計と言えるであろう。

③火時計と自然時計

火時計は、物質の燃焼によって時間を計測するものである。例えば、蠟燭などに目盛をつけておき、燃えて短くなると、その目盛によって時間の経過がわかるといったものである。火を利用するので、おおむねが夜間用として使われてきた。音を立てないので病人がいる場合には便利であった。フランスの聖王ルイは、十字軍の遠征にこれを携行して、幕舎のなかで用いていたという。精度のほどは期待できないが、簡単に作れる時計であるとはいえる。

中国では香木を粉末にして細い棒状に固めた線香が用いられていた。長時間用のものとしては、渦巻状に巻かれたものもあった。時刻を示す結び目をつければ、火縄時計として時間の経過を知ることもできる。この火縄時計は、導火線の燃焼時間を算定して、ここぞというときに花火が打ちあがるように、花火職人たちに利用されていた。

わが国では、廓《くるわ》などの遊女たちが客と一緒にすごした時間を測るのに、線香を用いている。廓での料金が線香代といわれる理由である。

そのほか、植物や鳥などの生態からも時刻を読み取ることはできる。言ってみれば、自然の時計である。植物によっては、一定の場所で、季節と時刻にしたがって周期的に開花するので時計の役割をする。植物園などでみられる花時計は、文字盤を花で埋められているが、季節によっても一日の時間によっても開花が変わる。ミツバチたちは、刻々に開くさまざまな花を追って群れ飛び、やがて夕方になると雀蛾と交代する。十八世紀中ごろにつくられた

「リンネの花時計」などは、花のリストにしたがって作られた花壇といえよう。

鳥の飛翔や囀《さえず》りにも同じような現象が見られる。小夜鳴鳥《ナイチンゲール》が囀る時間と雲雀《ひばり》の囀る時間は明らかに異なるので、人びとはそれによっても時間を知ることができた。雄鶏が暁を告げることは周知のことであった。

時間を日光で計測するのと、水で計測するのと、火で計測するのとではその精度に大きな違いがある。水時計の正確さは火時計の比ではないし、花時計などは、時計というよりも花壇と言ったほうがふさわしいだろう。しかし、これらの時計は、すべて自然現象であることにおいて共通している。

④砂時計

砂時計もまた、「地球的要素《エレメント》の時計」であるが、いつ誰によって発明されたのかは定かでない。砂時計が発明された時期は、学者によってまちまちであり、事実と伝説が入り混じっているからである。

砂時計に関する最も古い記録は、一三七五年の仏王シャルル五世の家財目録の記述であり、それ以上に古いものは見当たらないというから、その発明を古典古代のアリストテレスやウィトリウィウスに帰すのは間違いであろう。シャルル五世は格別の時計愛好者だったらしく、パリでハインリヒ・フォン・ヴィークに歯車時計を作らせている。その性癖を考えると、家財目録に機械時計三個と砂時計一個が記されていることは納得できる。ただ、このことは、当時は、まだ機械時計も砂時計も貴重品で、宮殿や館の暖炉の上などに時計が置かれるほど普及していなかったという証左でもあろう。

一三九三年ころに書かれ、一八四六年に愛書家仲間によって出版された『パリの家事』という本には、砂時計の砂の調整法が記されているという。著者は老年になって十五歳の少女と結婚したパリの一市民で、家事に自信のない若妻から、自分の未熟をあげつらわないでくれと頼まれ、その返答として書かれた本であるといわれている。それによると、黒大理石の鋸《のこ》くずを葡萄酒で九度煮詰め、九度浮き滓《かす》を取り除き、九度日干しして砂を調整する必要があったというから、やはり宝石・貴金属、あるいは一種の美術品と同じような貴重品であったようである。

砂時計は時間計測器としての実用性以上に、その独特の形からオブジェとしての意味が大きな比重を占めていたとも考えられる。そのため、古典的な形が何世紀もの間、変わらなかったのである。最初の形に加えようとしてきた数多くの変化と改良の試みは、結局、定着せず、単純な形で単純な使用に供せられてきたということである。

砂時計の形は、グラスと枠との二つの部分からなり、言ってみれば、身体と衣服のような関係になっている。グラスは細く括《くび》れた蜂のような腰によって両半分に分けられ、8の字型をしている。グラスの両半分の継ぎ目に微小な孔をあけた薄い金属板が差し込まれたのち、入念に接合され、この金属板の孔が自然の調節機になり、そこを通って落ちる砂が時を刻むのである。

梨型にふくらむ二つのグラスの接合部は最も壊れやすい場所で、それを守るために粗い麻布の帯や革帯で補強されている。そして、グラスの接合部に直接力がかからないように、上下を二つの帽子で覆い、その間を四本ないし六本の支柱でできた枠が囲んでいる。見方によっては虫籠のようでもある。

エルンスト・ユンガーによれば、「砂時計はおそらく中世のヨーロッパで、それも歯車時計の発明よりもそれほど遡らない時期に発明されたものと考えられる」という。そして、ときどき「冬の水時計」とも呼ばれていたことから、砂時計は、水時計が冬には氷結してしまう地方で発明されたのではないかという推測も成り立つというのである。

砂時計が主に使用された場所は、書斎と説教壇と船舶とであった。砂時計が観想的な学問研究の同伴者として考えられていたことは、デューラーの『メランコリア』や『書斎のヒエロニムス』の銅版画を見れば頷ける。『メランコリア』には、手にコンパスをもって瞑想する天使のまわりに、球体や水晶や天秤や数字盤とともに大きな砂時計が置かれ、遠い背景には宇宙の溶鉱炉のような火が燃えている。また、『書斎のヒエロニムス』には、書斎の壁を背にして書き物をするヒエロニムスが描かれ、その周囲には、書物、燭台、髑髏《どくろ》、キリストの磔刑像が置かれている。足元には威厳を表わす獅子と献身を表わす犬が眠り、背後の壁には大きな砂時計が掛かっているのである。

ボルヘスの『創造者』で詠じられた「砂時計」は、デューラーの銅版画とむすびつけられている。

デューラーの銅版画『メランコリア』、1514年。

躊躇しなかった者がいるだろうか、神の右手に
大鎌とともに握られ、デューラーが
その線をなぞったこともある
苛酷で陰気な道具を前にして？

逆しまの円錐の穴あけられた頂点から
こぼれ落ちる細かな砂粒、
緩やかな黄金はすべり落ちて
その宇宙の凹面のガラスにあふれる。

このように、砂時計は、部屋に静謐を漂わせ、観想へと導くために用いられたのである。そして、このことは、砂時計が絵の小道具としてだけでなく、実際に僧院から学者の研究室へ取り入れられたことを意味している。

かつて、ヨーロッパ中世の大学では、教授たちは書物やノートとともに砂時計をたずさえて講義に臨んだのだった。イギリスの市民戦争（ピューリタン革命から名誉革命にいたる）期の伝記作家ジョン・オーブリーは、彼の恩師の思い出をこう語っている。「これらの市民戦争が起こらなかったなら、この尊敬すべき博士はおそらくなお数年生きて百歳の長寿をま

デューラーの銅版画『書斎のヒエロニムス』、1514年。

っとうすることができただろう。しかしカレッジのなかでなんの束縛もなく君臨することに慣れていたかれは、粗暴な兵士たちに罵られ侮辱されることにひじょうに心を暗くしたのだった。わたしはいまでも、講堂で彼の修辞学の講義を聴講していたときのことをおぼえている。一人の歩兵が入ってきてかれの砂時計を叩き割った」。

また、プロテスタントの地方に限らず、カトリックの地方でも、砂時計は説教壇に必要なものであった。教会の塔の時計が機械仕掛けになって時を告げるようになっても、教会の内部の説教壇では、砂時計が使われていたのである。教会の砂時計は、神父や牧師や信者にも見えるように、書斎用のものよりも大きく、説教がどれくらいすみ、これからどれくらい続くかを示すようになっていたのである。熱狂的に禁酒を説いたカルヴァンは、説教に熱が入ってくると、「おや、もう一度こうしておきましょう」と言って、砂時計を反転させることがよくあったといわれている。

砂時計は、航海の歴史のなかでも大きな働きをしている。太陽や星の観察を別とすれば、海上での時間測定の唯一の手段だったからである。そして、徐々に、船舶用に開発された発条時計、すなわち、クロノメーターにとってかわられたのである。

船舶用の砂時計は三十分用のもので、砂が落ち終わると鐘が鳴らされ、三十分は一点鐘、一時間は二点鐘となっていた。四時間が当直時間の通例で、午後六時に二点鐘が二度鳴らされたのちは元に戻り、六時三十分には一点鐘、七時には二点鐘、七時半には二点鐘一回と一点鐘、そして八時には二点鐘が四回鳴らされた。ここで、当直が交代して、あとは規則通り

1点鐘	0:30	4:30	8:30	12:30	16:30	18:30	20:30
2点鐘	1:00	5:00	9:00	13:00	17:00	19:00	21:00
3点鐘	1:30	5:30	9:30	13:30	17:30	19:30	21:30
4点鐘	2:00	6:00	10:00	14:00	18:00		22:00
5点鐘	2:30	6:30	10:30	14:30			22:30
6点鐘	3:00	7:00	11:00	15:00			23:00
7点鐘	3:30	7:30	11:30	15:30			23:30
8点鐘	4:00	8:00	12:00	16:00		20:00	0:00

船鐘表。コロンブス、マゼラン、ヴァスコ・ダ・ガマの大航海でも、エイハブ船長のピークォド号でも、レイテ島沖の砲声轟くなかでも、点鐘は時間を知らせていた。

四時間交代で、三十分ごとに一点鐘から始まり、八点鐘を鳴らして非番になるのである。

この船舶用砂時計は、機械時計が海の潮風に錆びついて動かなくなる欠陥が改善されるまで、使われていたのである。

⑤歯車時計

砂時計が「地球的要素《エレメント》の時計」であり、僧院的瞑想の雰囲気を漂わせ、「死を忘れるな」（memento mori）と囁くように砂が落ちてゆくのに対して、歯車時計は文字盤を二本の針が回って時間を示す。二本の針は日時計の影の歩みを模倣したかのようで、正午になると太陽と同じように真上を指す。この回転は一見すると循環時計の印象があるが、それは、外見的な類似だけであって、太陽や星辰の回転とは何の関係もないものである。

言ってみれば、歯車時計の針の歩みは、影の歩みを模しただけで、文字盤は意匠の一部であって時計本体ではない。二本の針が回転する文字盤がなくても、歯車時計

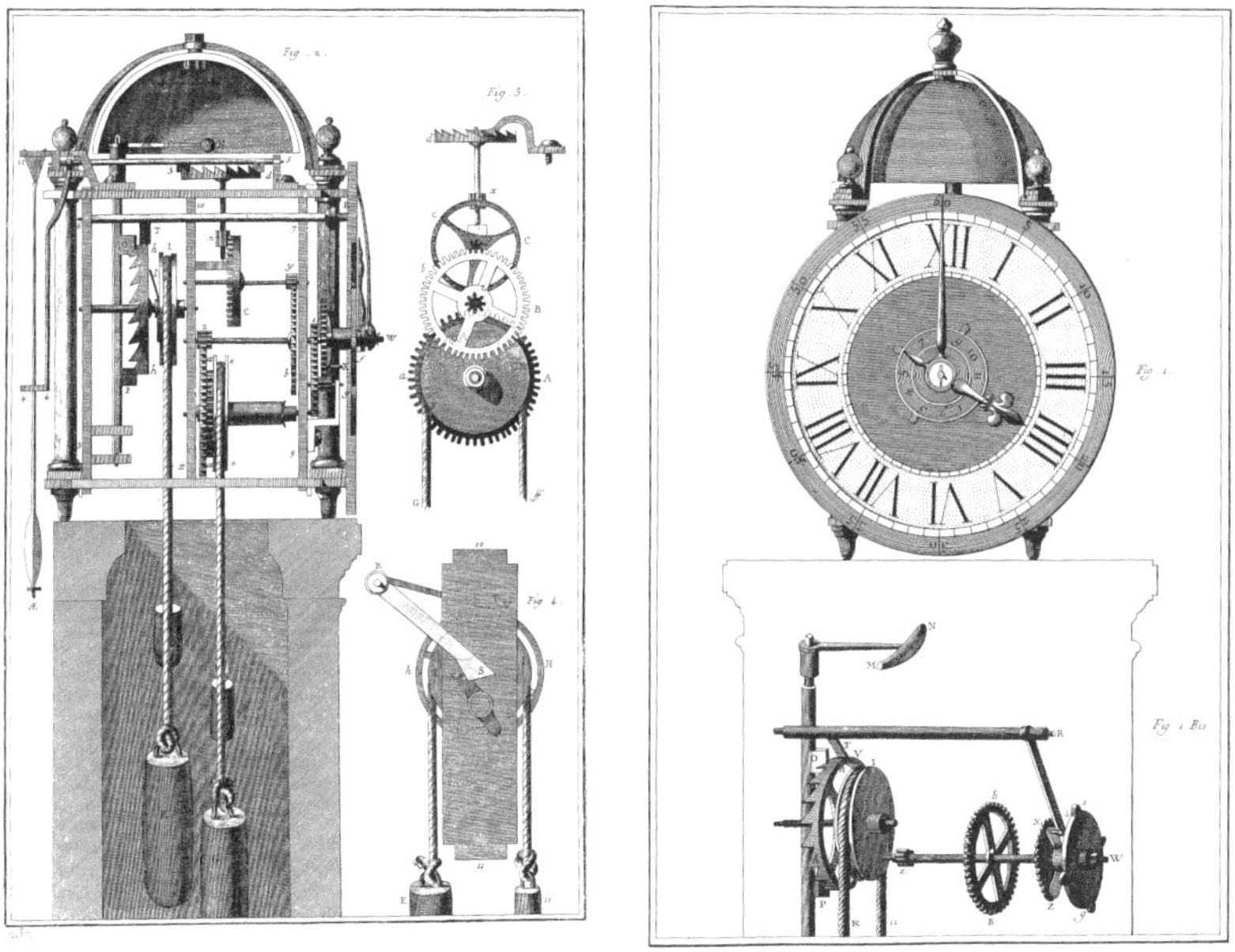

ディドロ、ダランベールの『百科全書』にある錘時計の構造図。

でなくなることはなく、実際、文字盤ではない物差しによって時刻を示す型の歯車時計もある。わが国の歯車時計は、固定した針をもつ時計自体が時刻を示した物差しにそってゆっくりと下降してゆくもので、時計の管理者（家長）が月々物差しを取り換えていたのである。

このように歯車時計は天体の巡回運動を模しているように見えるが、時計を動かしている錘《おもり》や振り子の運動は、天体の運動とはまったく異なったものなのである。何より違うのは、天体観測によって時間を定めるのではなく、歯車のつくりだすリズムが時間を決める点である。この歯車時計の本質は、天体の運動でもなければ、砂が零《こぼ》れ落ちたり、水がしたたり落ちたり、油が燃えて減っていく動きでもなく、錘や振り子の重力を歯車や脱進機（Hemmung）によって中断させ、間歇的に失効させることにある。たとえば、錘時計において、錘を紐でクルマに吊るし、その重さを時間を測るために用いるという発想は、砂時計や水時計と同じように単純明快であり、これだけであるなら、「地球的要素の時計」である。しかし、実際は、錘が早く落下しすぎることや落下の法則によって均一の速度ではないという問題があり、脱進機が発明され、その動きがほかの歯車に伝達され、針と文字盤とによって表示されるようになった。この脱進機の案出こそ、宇宙的時間計測器でも地球的要素時計でもない、歯車時計の心臓であり、知性の産物といえるものなのである。

つまり、歯車時計は、星辰や地球の運動、あるいは自然現象とかかわりなく、初めて抽象的時間を表示したのである。それまでの時間は、「内的時間」を外的事物に投影し客観化（空間化）する際に、星辰の運動や地球の自然現象に仮託したものであったのが、歯車時計

ルネサンス期のブロンズの目覚まし式置時計。
ハンス・ステインメッセル作。1549年。

犬の置時計。犬が回ると上部の球の数字が回転して、時刻を指すようになっているようだ。18 世紀初頭のもの。

では、そうした自然現象からは切り離されたかたちで、抽象的な時間の進行そのものを表わすようになったのである。

この歯車時計を、誰が、いつ発明したかははっきりしない。ドイツ人のハインリヒ・フォン・ヴィークが脱進機の発明者だという説もあるが、これは、砂時計の項で述べたように、フランス国王シャルル五世の依頼で歯車時計を制作した（一三六四〜七〇年）ことから生じた誤解と思われる。ヴィークが歯車時計を製作したときには、すでにヨーロッパの多くの都市で大型の歯車時計である塔時計がすでにつくられていたので、これははっきりと間違いだと言える。

歯車時計が出現したのは、エルンスト・ユンガーによれば、一〇〇〇年ころであろうという。その理由は、十世紀末から十一世紀初め頃には、ヨーロッパ各地にある修道院の規則に、時計管理係の項目があり、そこに時計を「正しくする」（ordinare）、「合わせる」（dirigere）、「調整する」（temperare）という表現が使われているからである。これらの表現は、それ以前の水時計が使われていた時代には用いられておらず、新しく現れた歯車時計とともに使われるようになったと考えるのが自然だということである。また、このことから、歯車時計が最初に用いられた場所は、おそらく修道院だったであろうと推測されている。

歯車時計が出現したのが一〇〇〇年ころとすると、その発明者として、まず思い出されるのは、オーリャックのゲルベルトゥスである。ヨハン・ベックマンの『西洋事物起源』には、「十世紀には有名なマグデブルクのゲルベルトが製作した時計が出現する。歯車付き時計の出現以前においてこの時計が人々の間で騒ぎを起こし、悪魔の仕業に並ぶものとされても不思議はあるまい」とあるから、最初の歯車時計とも考えられる。プチ・ロベール百科では、「オーリャックのゲルベルトゥス　神学者で科学者（九三八年頃、オーベルニュ生まれ。一〇〇三年、ローマ没）、九九九年から一〇〇三年、法王。クリュニー会修道僧であったが、ランスで、ポルフュリオスの『序説』（isagoge）やアリストテレスの諸著作を解説しながら、弁証法と論理学を教える。おそらく、科学運動の発端（『天体観測器概論』や天体運動を示す天球儀の構造、蒸気オルガンの発明などは彼によるもの）となったのは、ゲルベルトゥスであろう。音楽や医学や弁論術にも秀でていた。政治的にも才能があり、フランス国王ユーグ・カペーに引き立てられ（九八七年）、アダルベーロンの後を襲ってランスの大司教になった（九九一年）。ついで、彼の弟子を自称する神聖ローマ帝国オットー三世の庇護を受け、ラヴェンナの大司教の座に就き（九九八年）、遂にはシルヴェストゥル二世の名のもとに教皇の座に就いた（九九九年）。コンスタンティヌス皇帝時代を復活させるのが夢であったが、地方を掌握する前に二人ともローマを退かねばならなかった（一〇〇一年）。彼には錬金術師で魔術師であったという伝説がある」と記されている。実験を重んじた彼は、物理学的実験を行い、自分で製作した天文学用、音楽用、数学用の機械をさまざまに用いていた。彼が歯車時計の発明者という確証はないが、歯車時計の出現する知的風土があったことは確かである。十一世紀にはヒルサウのベネディクト修道院長ヴィルヘルムが話題の時計をつくったといわれるが、この修道院は一六九二年に世俗化されてのちにフランス人によって焼き払われてしまっている。

十三世紀から十四世紀には、ヨーロッパの都市につくられた巨大な塔時計が、大きな石の錘によって動く巨大な怪物のように聳え立っていた。最初の時計は、針、あるいは文字盤といった時刻を表示するものはなく、一定の時刻に鐘が鳴るだけのものであった。時計（clock）という言葉の由来が、鐘を意味するラテン語の clocca にあると言われるように、教会の鐘楼に代わるものであった。ストラスブール大聖堂の時計は、一三五四年につくられたが、高さは十八メートルで、正午になると、金色の雄鶏がつばさをはばたかせて刻を告げ、東方の三博士がマリアとイエスの前で頭を垂れる仕掛けになっていた。ニュルンベルクの聖母教会には、「回る人形《メンラインラウフエン》」の仕掛けを備えた時計がつくられていた。一三六四年には、パドヴァの時計制作職人のジョヴァンニ・デ・ドンディが、高さ一メートルほどの、太陽・月・五つの惑星の位置、二十四時間表示の文字盤を備えた歯車時計を制作した。アストラリウムと呼ばれたこの時計は、キリスト教の祝祭日を記した円筒状の暦を示すようになっていた。

これが、十六世紀に入ると、動力が錘から振り子に代わっていったのである。ピサ大学の医学生だったガリレオは、振り子の揺れの周期は紐の長さの平方根に比例し、紐の長さが二倍になると振り子の一往復の時間は四倍になることを発見し、患者の脈拍の計測に使用した。晩年、紐の長さが同じであれば振り子の揺れ時間は一定であるという特性を利用した時計の調節機構を思いつき、振り子時計を設計したのである。しかし、完成させるには至らず、一六五七年になって、オランダのホイヘンスが最初の振り子時計を完成させた。こうして、振り子時計は、その後二〇〇年にわたって最も正確な時計として、さまざまな科学の発展に寄与してきたのである。

また、「携帯時計の最も古いものは、スコットランド王であるロバート・ブルースのものを除けば、アシュトン・リーヴァ卿の有名な博物館にある、一五四一年の日付のついたものであろう」と、ヨハン・ベックマンは『西洋事物起源』に記している。携帯時計については、イギリス王ヘンリー八世についての記述もあるし、同時代の神聖ローマ帝国皇帝カール五世が、正餐の後、酒瓶の置かれたテーブルに携帯時計を置いていたという話もある。

最も古い携帯時計は、鎖の代わりにガットが取り付けられていて、現在のものより小型で卵形をしたものが多かったというが、現在のそれと同じようなものであったかどうかはわからない。携帯時計である限り、動力にはゼンマイが使われたことは容易に推測できるが、大きさはデザート皿くらいだったともいわれている。一六〇〇年に初演されたシェイクスピアの『十二夜』には、「その間、わしは難しげな顔をする、それとも時計を巻くか、それともこの鎖を——いやいや、何か立派な宝石でも弄んでおる」というマルヴォーリオの台詞がある。

一八〇二年、天才的時計師のブルゲーは、時計収集が趣味のマリー・アントワネットのたっての願いで、十九年の歳月をかけて黄金の懐中時計を完成させた。自動巻き、中三針、パラショック、永久カレンダー装置つきの時を打つ時計であった。しかし、王妃はすでに断頭台の露と消えており、彼女を偲んで、この黄金の懐中時計はマリー・アントワネットと命名されたといわれる。

このような歯車時計が現れたことは、それまで星辰や地球の要素に依存してきた時間が、完全に抽象化され、独立したことをも意味していた。ニュートンの言う「絶対時間」のように、「そのものの本性からして、外界の何ものとも関係なく均一に流れる」時間が歯車時計にはあったのである。それまでの時計が、単に時間を計測するものであったのに、歯車時計は、時間を計測するにとどまらず、時計が時間を創造し生産する機械になったということである。

つまり、主観の側にあって直観の形式であったはずの時間が、抽象化され、客体化され、われわれの周りばかりでなく、われわれの内部をも貫いて、あたかも物自体としてあるかのようになったのである。エルンスト・ユンガーが言うように、現代社会においては、「時間を知覚する様式には計測以外にいくつもの様式があるということにほかならない。カント流にいうなら、人間は実践的自我としてひとつの新しい時間を構成し、そして理論的自我としてこのみずから構成した時間を小銭にして取りもどしている」のである。われわれのすべての行為が時間換算され、労働時間として換金されるからである。

⑥電気時計と原子時計

エリック・ブールトンは、『時計の歴史とその芸術』で、「新しいアイデアの大半はオリジナルなものでもなければ、思ったように機能せず、経済的でも科学的でもなかった。真にユニークで跳び抜けたアイデアは、ほんとうに稀にしか出現しないものである。そうしたひとつが電気の使用である」と言っている。七百年以上の長きにわたって時計の動力として使われてきた錘やゼンマイに代わって電気を使うことを思いついたのは、スコットランドの技術者アレクサンダー・ベインであった。最初の電気時計は、十九世紀初めに登場するが、調節機構として用いる振り子を動かすのに巻線（ソレノイド）と磁石を使っていた。そして、この電気時計は、十九世紀から二十世紀にかけて、世界中に普及していったが、安定した電気供給のシステムが整備されると、時計も交流電源の周波数に応じて動かせるようになっていったのである。この交流電源の周波数を利用して、振動数を秒表示に変えることは簡単にでき、安定した交流電源のシステムがあれば、同一回路にあるすべての時計で同一時刻を示すことができる。これによって、遠く離れていても時刻を合わせることが容易になったのである。

その後、電池と電子回路で石英の結晶に交流電圧をかけると、結晶が振動する特徴を利用して、クォーツ振動子を振り子とテンプに代えたクォーツ時計がつくられた。現在では、その周波数は三万二七六八ヘルツになるようにされているが、それは、二の十五乗なので十五ビットのバイナリー・デジタル計数機で振動数が数えやすいためである。

クォーツ時計は、振動周波数がきわめて正確で、誤差は一〇〇万分の六程度の精度、一日に換算すると〇・五秒以下の誤差であるといわれている。

一九五五年に、イギリスの国立物理学研究所が原子時計を制作すると、それによって、時間の単位であった「秒」の定義がそれまでとは異なったものに変更されることになった。それまでは、一秒は、太陽が地球のまわりを一周する時間を二十四時間とし、その一時間が六十分、その六十分の一が一秒とされていた。もちろん、毎日の長さは微妙に違っているので、平均したものが平均太陽日とされ、その八万六四〇〇分の一が一秒とされたのである。ところが、原子時計が制作されると、「基底状態のセシウム133原子の二つの超微細準位間の遷移に対応する放射周期の九一九二六三一七七〇倍の継続時間」が一秒とされたのである。

原子は中心に陽子と中性子からなる核があり、その周りをエネルギー準位の異なる電子が高速でまわっている。たとえてみれば、漏斗状の斜面に上から下まで決まった道が段のようになっており、そこを高速で自転車が回っていると考えてもよい。漏斗の底のほうの道は勾配が急で、中心に引き込まれようとする力は大きい。これが上の道に昇るにはさらに仕事をする必要があるので、エネルギーは高いが引力は少なくなる。エネルギーが最も高い電子は最も高い段にあり、エネルギーが最も低い電子はいちばん下の段にある。これらの電子は折々準位を変えるが、ひとつの準位と隣の準位のエネルギーには一定の差があって、一個の電子が一準位下がるときには一定量のエネルギーをマイクロ波放射のかたちで放出する。原子が安定した状態にある場合は、このマイクロ波放射はきわめて正確で、これが原子時計を成り立たせるものとなっているのである。

最初の原子時計は、アンモニアを使ったもので、アメリカ合衆国の国立標準局で一九四九年につくられたが、精度もクォーツ時計よりも低かった。イギリスの国立物理学研究所で制作された原子時計は、セシウムを使ったものであった。水素やルビジウムなどの元素を使った原子時計もあるが、今後、商業ベースでの原子時計が登場する可能性は十分にあるといえる。

カレンダー

原子時計が、太陽の動きによらず、セシウムの遷移から「秒」を定義するようになったとしても、それは、定義を変更しただけであって、共通時間の最初の定義が星辰の運行によってなされたものであることに変わりはない。そして、公的な共通時間が「内的時間」の空間化によって構成されることにも変わりはないのである。

それは、たとえば、最初（一八七五年）、パリを通過する地球子午線全周の四〇〇〇万分の一とされた一メートルという長さの単位が、一八八九年に国際メートル原器によって世界に広められ、さらにそれが一九六〇年にクリプトン86の発する光の波長による定義に変更され、一九八三年には、光が真空中を一秒の二億九九七九万二四五八分の一の時間に進む長さと定義され直したのと同じである。地球子午線からつくられた一メートルという概念を光の速度から定義しなおしたのと同じように、一秒という時間尺度を天体の動きから定義するのではなく、別のものから定義しなおしただけなのである。

そして、時間が天体の運行に仮託されたものであるのと同様に、カレンダーもまた人びとの従うべき社会ルールを天体の運行によって定めたものであった。古代バビロニアのマギた

『ベリー公のいとも豪華な時禱書』（6月）。12カ月の絵で、その月に農耕作業でなすべき事柄や行事が説かれた万年暦であった。

ちやエジプトの神官たちは、星辰の動きを見て、吉凶を占い、祭儀を執り行い、人びとの生活を律したのであり、中世のヨーロッパでも、天の運行、季節の変化に基づいて、農耕作業で何をすべきか、どんな行事をするかを説いた時禱書がつくられていたのである。わが国でも、最近は、七曜表しか載せないカレンダーが増えているが、暦には、本来、四季折々の生活習慣、決まりごとが記されることになっていたのである。

たとえば、古代バビロニアでは月の位相によって、新月から新月までの周期をもとにカレンダーがつくられていた。朔望月という二九・五三〇五……日周期の太陰暦であった。各月は西の空に繊月が現れたときに始まるとされ、月の位相の一サイクルを一カ月とし、各月の七日、十四日、二十一日、二十八日が休日とされていた。それが十二回繰り返された十二カ月が一年とされ、一年は三六〇日であった。

また、エジプトでは、一年を三六五日とした太陽暦を採用していたが、毎年、夜明けの東の空に太陽に先立ってシリウスが昇る夏至のころに、きまってナイルの氾濫が起こることに神官たちは気づいていたのである。ナイルの大洪水があれば、畑は泥にまみれ、一年の労苦も水泡に帰してしまう。そこで、神官たちは一年を四カ月ごとに三季に区切り、一季は七月から十一月にいたる洪水期、二季は十一月から三月までの種まき期、三季は三月から七月までの収穫期として、生活を営むための規則とし、同時に、人びとに対する支配力を強めたのであった。

このように、カレンダーは社会を守るための規則であると同時に、支配者にとっては、権

マヤの「暦の石」。この長期暦が2012年の冬至付近（12月21日～23日）で終わっていることから、世界滅亡の予言だと騒がれた。

力を維持する手段ともなったのである。また、世俗の支配者たちも、カレンダーという装置が自分たちに利益をもたらすことに気づいて利用したのである。

　その最初の一人がユリウス・カエサルであった。

①西洋のカレンダー
　ローマの伝説では、最初に暦をつくったのは、ローマの建国者ロムルスとされている。紀元前七五三年にローマが建国されて以来、ローマの年号は、A.U.C.（ab urbe condita：ローマ紀元）何年と数えられた。ロムルス暦は一年がMartius（マルス）、Aprilis（アプリリス）、Maius（マイヤ）、Junius（ユノ）、Quintilis（5）、Sextilis（6）、September（7）、October（8）、November（9）、December（10）の十カ月しかなかったが、前七〇〇年ころにヌマ王が一年の最後にJanuarius、Februariusの二カ月を加えて、一年が十二カ月になった。

　カエサルが権力の座についたころは、ローマ暦は太陽年より二カ月ずれていた。そこで、カエサルは、前四六年に、冬至を十二月二十五日とするユリウス暦を導入し、一年をMartiusからではなく、Januariusから始まるとした。その結果、5を意味するQuintilisが七月になり、6を意味するSextilisが八月になり、以下二カ月ずつずれることになってしまった。その後、時の皇帝の名をとって、前四四年から七番目の月をJuilus（ユリウス）、前八年から八番目の月をAugustus（アウグストゥス）と呼ぶことにした。このカレンダーの名称が現在にも残っているので、九月から十二月までの名称は本来のラテン語の意味とはずれているのである。また、ユリウス暦では、四年に一度閏年を入れて太陽年とのずれを調整することにしたため、閏年の二月に一日を加えて二十九日としたのだった。一週間が七日と定められたのは、コンスタンティヌス大帝のときで、ユリウス暦がそのまま採用されている。

一五八二年二月二十四日に、ローマ教皇グレゴリウス十三世はコンスタンティヌス暦を修正する教皇大勅書を発令した。ユリウス暦では一年が三六五・二五日とされているが、実際の一年は三六五・二四二一九日で、ユリウス暦のほうが$10\frac{3}{4}$秒だけ長い。一五八二年には、この誤差が十日分にもなっていて、「春分の以後の満月のあとの最初の日曜日」と定められた復活祭がどんどんずれていってしまう事態になっていたのである。頭を痛めたカトリック教会は、天文学者や数学者たちとの協議のうえ、$10\frac{3}{4}$秒は一三四分の一日になるので、一三四年ごとに一日けずるのがよいが、さらに、わかりやすいように、四〇二年に三日の近似値である四〇〇年に三日けずることにした。つまり、グレゴリオ暦では、四の倍数の年を閏年とするが、一〇〇の倍数で四〇〇の倍数でない年は閏年としないとしたのである。これによって、グレゴリオ暦の一年は三六五・二四二五日となり、実際の一年との誤差は二十七秒となったのである。

そして、それまで累積されていた十日分のずれは、一五八二年のカレンダーから十日をカットして、十月四日の翌日を十月二十四日とすることにしたのである。このシンプルな方法に、ヨーロッパ各地で混乱や反発が起こったのは言うまでもない。

このように星辰の運動によって時間を定めたり暦を定めるのは、われわれが社会的な共通時間に基づいて無理なく生活することが最大の目的であった。そもそも、天体の動きに時間があるのではなく、われわれの内的時間を客観化するに際して、星辰の運動に仮託しただけのことであるから、うまく仮託できなければ、別の発想でどう仮託すればよいかと考えるだけである。

②国際固定カレンダー

そうした最も合理的なカレンダーとして、コッツワースのカレンダーは注目に値するものである。国際固定カレンダーとして知られるこのカレンダーは、実にシンプルで合理的にできているからである。

一八五九年にイギリスに生まれたモーゼス・ブルーイン・コッツワースは、毎月の会計計算が煩雑なのは一年が週間単位できっちりと分割されないことにあると考え、一週間をベースにして一年を組み立てるカレンダーを思いついた。そのカレンダーでは、一カ月が二十八日で、一年は十三カ月からなっている。グレゴリオ暦より多い一カ月はソルと呼ばれ、六月と七月の間に入る。毎月日曜に始まり、土曜に終わる。週割を基本に考えているので、毎年の月日と曜日が固定されていて変わることはない。三月五日はつねに木曜日で、毎月の五日も必ず木曜日である。どの月の五日、十二日、十九日、二十六日も木曜日となる。ただ、一年の日数は三六四日なので、普通のカレンダーよりも一日少ない。そこで、十二月二十二日の日曜日をクリスマスとし、特別休暇としてカウントせず、十二月二十三日を日曜日とすれば、三六五日になる。閏年には六月二十九日を特別な日曜日とすることで解決できると考えたのである。

実際、このカレンダーは少なからぬ賛同者が現れたが、全面的な改編には至らなかった。人びとの生活は、合理性だけでなく、それまでの歴史的文化的習慣が大きくかかわっていて、宗教行事や年中行事が長い間の暦によって定められているからであろう。たといそのカレンダーが、ユリウス暦のようにまったくの偶然によっていても、長い間それに馴染んだ習慣を変えることは容易ではないということかもしれない。

古代ギリシアの天文計算機

最後に、現在では、その謎がほぼ解かれ、天文計算機と判明した「アンティキテラ」について記しておくことにする。

一九〇一年、古代ギリシアのコンピューターといわれる「アンティキテラ」が、ドデカネス諸島の海綿獲りの潜水夫の一団によって、古い沈没船から引き揚げられた。暴風雨に巻き込まれた潜水夫たちは、ギリシア南方の小さなアンティキテラ島にやむなく投錨したが、嵐が収まって海綿を獲ろうとして、その海底で難破船の残骸を発見したのである。難破船の探査はギリシアの考古学者たちの援助で進められ、その結果、いくつかの見事な青銅や大理石の彫像、その他の品物が回収された。引き揚げられた彫像や品物から、その難破船は前一世紀ころのものと推定されたのである。一九〇一年の九月に「探査」は中止されたが、国立博

「トレドで作られたアストロラーブ」1068年。古代アラビアの天体観測用の機械だが、時計などと同じように骨董品としても珍重された。彫刻をあしらったり、壁に掛けるための環をつけたり、デザイン的技巧も施されるようになった。

物館の考古学者バレリオス・スタイスは、回収された彫像の破片や腐食した青銅にまじって、機械装置の断片を見つけだした。それが、引き揚げられた島の名前にちなんで、「アンティキテラ」と名づけられた古代ギリシアの天文計算機だったのである。

それは一つの箱に入っていて、外側には目盛盤があり、内側には複雑な歯車部品を嵌め込んだ時計に似たものであった。箱の表と裏に扉のようなものが蝶番で止めてあったが、それは表にある大きな目盛盤と、裏に上下に並んだ二つの目盛盤を保護するためのもののようであった。その箱、扉、目盛盤の表面には、この機械の操作法と構造を述べたギリシア語の銘刻文がながながと記されていた。腐食してぼろぼろになっていた目盛盤や歯車や銘刻板は、断片的にしか残っていなかったが、X線で撮影し、その後何年もかけて復元を試みて、ようやく原物の形態を推定することができたのである。

箱の中の器械装置の歯車は、少なくも二十個はあったが、復元できた。そのなかには、ひどく変わった歯車部品で、回転盤に偏心的にとりつけられたものもあった。これは、一種の周転円（エピサイクル）歯車、あるいは差動歯車として作用しているようであった。この器械に類似したものは、この時代、ほかのどこにも見られず、古代科学の文献にも、これに匹敵するものは記されていなかった。差動歯車はルネサンス期の天文時計の天体を動かすために用いられたものに似ていたが、ヘレニズム時代の科学と技術では考えられない装置なのであった。

一九五九年に発表された「アンティキテラ」に関するD・G・ド・プライスの論文を平田

寛教授が翻訳し、『錬金術の誕生』に掲載したものを私が読んだとき、古代アラビアの天体観測儀アストロラーブが連想された。平田教授も述べているが、それ以上に遥かに複雑で、むしろ歯車時計に近いものと思われた。と同時に、澁澤龍彦がイランのイスパハンでアストロラーブを手に入れたときの話を思い出した。

「アストロラーブと呼ばれる古代アラビアの天体観測用の器械は、ごく簡単に説明するならば、その主要部分が二枚の薄い金属の円盤から成っている。すなわち、一枚の円盤の表面には、赤道、回帰線、黄道、地平線、時角圏などをあらわす線が同心円状に彫り刻まれており、これをティンパンと称する。このティンパンの上に、星座や獣帯の描かれた、もう一枚の円盤を重ねるわけであるが、下の円盤が見えるように、上の円盤は透し彫りになっており、そのため「蜘蛛の巣」と呼ばれている。このティンパンおよび「蜘蛛の巣」なる二枚の円盤の中心を軸で固定して、ぐるぐる廻せば、地球との関係における天体の運行がそこに読み取れることになる。つまり、かつて中国や日本でも用いられた渾天儀《こんてんぎ》なる器械を、平面的にしたようなものだと思えばよかろう。

さまざまな工夫を凝らしたアストロラーブの中には、二枚の円盤をおさめるための、厚い金属の容器（「母型」と称する）を備えつけ、その容器の周囲に目盛を刻みこみ、軸に取りつけた照準器を動かして、太陽や星の高さを測定することを可能ならしめているような種類のものもある。そうかと思うと、占星術用の記号や、ユリウス暦や、三角関数表などを細かく彫りこみ、さらに多くの用途に供せんとしているものもある。……」（『イスパハンの昼と夜』)。

たしかに図解も入っているプライスの論文では、「アンティキテラ」はアストロラーブに似ていた。円盤が何枚もあるところや、目盛によって天体を表わしているところなど、天体運動を計算するものであるような感じもあった。しかし、円盤に刻まれた文字を回転する針が指し示すところは時計のようであった。

それが二〇〇八年、海中から引き揚げられてほぼ一世紀経ったのち、さまざまの学者の推論を経て、古代ギリシアの天文計算機であることが解明されたのである。

「アンティキテラ」は、箱の側面についている回転ハンドルを回すと、歯車運動を通して天体の動きが円盤に示されるようになっていたのである。表の青銅の目盛盤には、一番外側に一年が三六五日とされたギリシア・エジプト暦の目盛があり、その内側に黄道十二宮が刻まれている。その円盤の中心から月の運動を示す月の針が出ていて、回転して月の位相を示す球がついている。そして、もう一本、太陽と日付の針が出ていて、円盤の目盛を指すようになっている。推測したところでは、差動歯車と思われたものは、周転円＝遊星歯車であり、惑星の動きを示すものであった可能性もあるという。その表側の目盛盤の上下には、暦の解説がギリシア文字で書かれていたようであった。

裏側には、目盛のついた円盤が上下二つ並んでいて、それぞれの中心から伸縮式の腕木のついた針が回るようになっていた。上の円盤は、太陽太陰暦で、十九年のメトン周期を示す目盛が螺旋状に五重の円が描かれ、その内側の円形の空白部分に、針の芯の左側に七十六年周期のカリッポス周期を示す小円盤、右側に四年ごとのオリンピア周期を示す小円盤があり、それぞれの小円盤には小さな針がついていて目盛を指し示すのである。その下の円盤も上と同じように螺旋状の目盛がつけられ、約十八年周期のサロス周期を示すようになっていた。こちらは蝕を予測するための円盤で、その内側の円形の空白の右側にはエクセリグモス周期を示す小円盤が刻まれ、小さな針が目盛を指すようになっていた。

箱の側面の回転ハンドルを回して針を表側のギリシア・エジプト暦の日付に合わせると、そのときの太陽や月や惑星の位置が黄道十二宮の位置に示され、月の位相や蝕が示される万能暦ともいえるものであった。

裏側の上の文字盤は太陽暦の十九年（メトン周期）に等しい二三五朔望月が刻まれ、表側が一年の日付を示すのに対し、裏側の文字盤はもっと長い期間の月と年を示すようになっている。この文字盤では、針の先が五回まわり終えて十九年経つと、腕木があげられて最初に戻るようになっている。文字盤の左側についている小円盤は、四つに区切られ、カリッポス周期を示すようになっている。当時の太陽暦は一年が三六五日と四分の一とされていたが、十九年の四倍の七十六年を一周期と設定すれば四分の一という端数はなくなる。文字盤が十九年で一周するごとに、小円盤の針が四分の一進み、一周すると七十六年というふうになっている。器械の表側と裏側の時間がどのように動いても、カリッポス周期の七十六年という長期間をたどることができるのである。しかも、この小円盤は、表の文字盤で示されるギリシア・エジプト暦を何種類もの太陰暦に簡単に置き換えることができたのである。

裏側下部の円盤には、十八年のサロス周期を表わす二二三の目盛と土地の名前や方向が記されていて、月蝕と日蝕の周期、すなわち二二三朔望月と、それが見られる地名が示されるようになっている。蝕が起こるためには、月が満月か新月であり、月の軌道と地球の軌道が交差して太陽と月と地球が一線に並ぶ必要があることから、蝕の周期は、朔望月（約二九・五三日）の周期と交点月（約二七・二一日）の周期の最小公倍数で一巡する。つまり、その期間は、朔望月で二二三カ月、交点月で二四二カ月となる。それがサロス周期である。このサロス周期は、一周期の日数が六五八五日と三分の一であり、一サロス周期の間に蝕の起こる時間が八時間ずつずれることになる。そこで、ギリシア人は三サロス周期、すなわち五十四年を一周期とするエクセリグモス周期を考えた。この周期を使えば、日数は整数になり、蝕が正確に同じパターンで繰り返されることになる。その周期が裏側下部の円盤内の小円盤によって示されている。この小円盤は三等分されていて、サロス周期の十八年ごとに円盤の腕木がリセットされると、小円盤の針が自動的に三分の一ずつ移動し、現在がエクセリグモス周期のどこにいるかが示されるのである。

『アンティキテラ　古代ギリシアのコンピュータ』の著者ジョー・マーチャントは、「コントス船長とその乗組員が海底に眠るアンティキテラの機械を引き揚げて以来、百年以上経たいま、機械の謎がようやく解明された。その木造りの箱の横にあるハンドルを回した者は、宇宙のあるじになれた。過去でも未来でも、自分が見たい時間の天空の動きを、見ることができたのだ。表側の針は十二宮の中で移り変わる太陽、月、惑星の位置を示し、月の満ち欠けを教えた。裏側の螺旋の文字盤は太陽暦と太陰暦の組み合わせで年と月を示し、食の時期を教えた。表側の文字盤に記された文章を読めば、どの星座が空に現れたり消えたりするかが、いつでもわかった。裏側の説明書きを読めば、予測された食の場所と見え方がわかった。機械の持ち主は、身近な時――今日、明日、先週の火曜日――に焦点を合わせることも、はるか何世紀も先まで旅することもできた」と記している。そして、「歴史上はじめて、過去へと戻ると同時に、未来を予測することが可能になった。時間そのものを支配することが、可能になったのだ」と。

第四章　現代宇宙論の時間

アインシュタイン宇宙モデルと四次元世界

現代の最新宇宙論では、時間は宇宙とともに誕生したものであり、それ以前に時間は存在しなかったことになっている。だが、宇宙とともに時間が始まったということは、ある意味で、天地創造とともに時間が始まったという発想と相似的と言えるのではないだろうか？つまり、神による天地創造によって時空間が生まれたように、原始宇宙自身による天地創造に行き着いたということである。これによって、宇宙自身による宇宙誕生前はどんな世界があったのかと考えざるをえなくなったのである。

実際、ビックバン説においては、それ以前のことは不問とされたのであるが、そうした姿勢は科学的でないとして、インフレーション説が生まれてきたと言える。近代科学思想の代表者ニュートンが、「神の持続は永遠から永遠に達し、神の臨在は無限から無限に及ぶ」として「絶対時間」は宇宙の発生以前にも存在すると定義したのに対して、ウクライナ出身の物理学者ビレンキンの言うように、時間も空間も存在しない「無」のなかにトンネル効果によって宇宙が生まれたとすれば、それは、《無からの創造》（creatio ex nihilo）であり、宇宙発生以前の「無」とはどんなものだったのだろうかと考えざるをえないのである。

ところが、ホーキングの語る最新宇宙論によれば、「時空にはじまりがなく、創造の瞬間がなかった」のではないかというのである。時間も空間も有限ではあるが境界をもたないという可能性があるとされたのである。

いままでは、有限ではあるが境界がないとされる宇宙も、アインシュタインが相対論を掲げたところは、空間には曲率があって無限ではないが、時間はニュートンの時間と同じように無限に流れるものと考えられていたのである。したがって、四次元連続体から導きだされたアインシュタイン宇宙模型は、閉じられた球面のような空間と無限に流れていく時間から構成された円筒形のものであった。「時間」は円筒の中心線で示され、一方向にのみ進行する。「空間」は四次元時空を三次元の模型で表わすと、円筒形の裁断面で表わされ、裁断面を光が進むことになる。その空間は三次元的球表面なので、限界はないが体積は有限である。つまり、われわれに何百億年の時間があれば、地球を一周して元の場所に行き着くように、いつか自分の頭の後ろが見えるということである。

これに対し、ド・ジッター博士は、宇宙における物質の量は全宇宙空間にとって微々たるものであると考え、一九一七年に、アインシュタインの「宇宙の姿をあらわす方程式」の物質量を0《ゼロ》として解いた。その結果、物質によって湾曲された大小雑多な曲率の集合として考えられていた宇宙の物質量が0の状態の時空本来の曲率が捉えられることになったのである。ただし、これは微小とはいえ存在する物質を0とした空っぽの宇宙であった。こうして、この宇宙は空間だけでなく時間も曲率を持って閉じている四次元球的世界であることになり、

「われわれから非常に遠方にある天体は、いずれも大速力をもって、われわれの所から後退していなければならぬ」という結論に至ったのであった。

だが、いずれの天体もわれわれの所から後退しているということは、どういうことであろうか？　これは、たとえば、われわれの世界が風船の上にあり、その風船がどんどん膨らんでいると考えれば、ありうることである。もしわれわれの世界が無限でないユークリッド的な空間であるとすれば、必ずどの天体かは接近し、衝突せざるをえないはずである。そうならないのは、宇宙自体が膨張していると考えたのである。このド・ジッターの膨張宇宙モデルに対して、アインシュタイン自身は、「反証はできないようだ」と手紙に書いて送ったといわれている。

アインシュタインの相対性理論の基礎となっている四次元時空において、たとえば、いまO点という事件を考えてみると、この事件の発する光は時間軸（ct）と空間軸（ox,oy）を二等分する四十五度の角度でO点から伸びていくから上方円錐形に広がることになる。ただし、実際の空間については、三次元であるから、x方向だけでなく、y方向もz方向もあるが、ct軸に垂直に三本の直交する軸を書くことはできないので、zだけは描くのをやめてxとyだけを描いている。また、この事件の受信する光は、下方（過去）から円錐形につぼんで時空点Oに集まる。これが光の世界線であり、O点の上の円錐で囲まれた範囲にあるものすべての点は、Oよりも後の時刻に属するものを表わし、また、下の円錐内にある点はO点より前の時刻にあるものを表わすことになる。これが「ミンコフスキーの円錐」と言われるもの

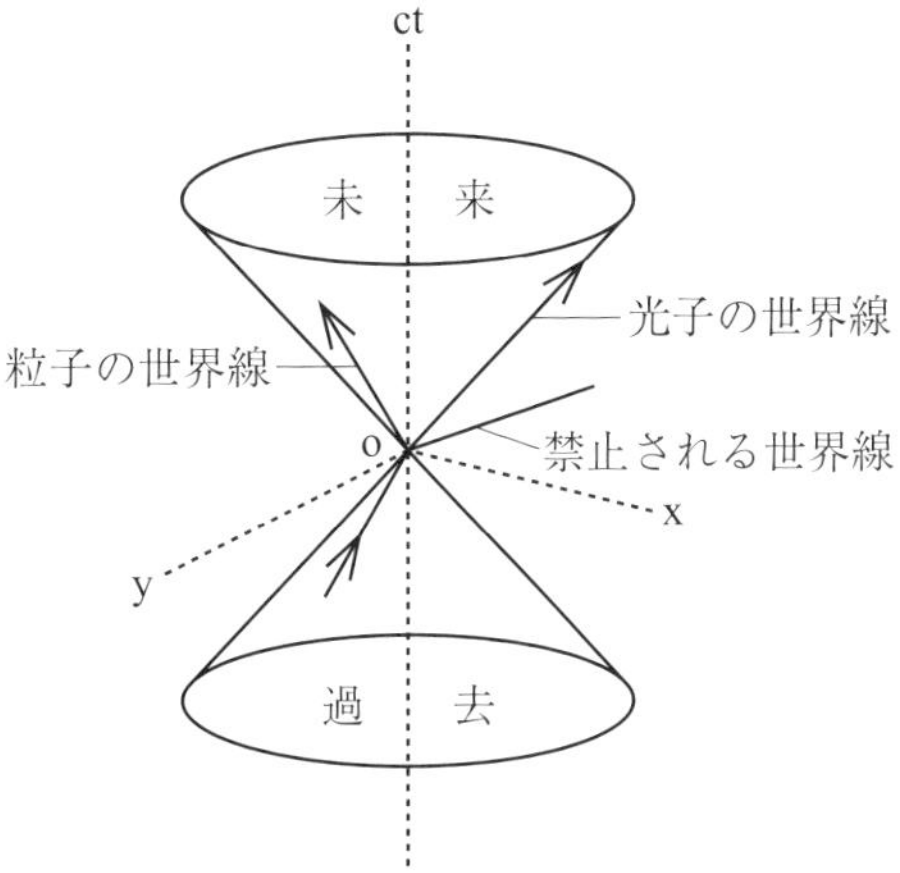

ライト・コーン。事象の過去と未来のライト・コーンは時空を三つの領域に分割する。事象の未来も過去も円錐の内部である。未来の円錐にも、過去の円錐にも含まれない時空の領域は、他所である。われわれには不可知の領域とも言える。

で、その光の経過としての錐面を、「光円錐（ライト・コーン）」と呼んでいる。円錐面の上部内側を点Oの未来圏、下部内側を点Oの過去圏という。そして、この面の外側は平面の上の部分であっても未来とは言えない。光のとどかない面の外側は、事件Oとの間に何らの関係もなく、未来とも過去とも言えない他所なのである。

アインシュタインの時空では、光の世界線はミンコフスキーの世界におけるのと同様に、四十五度の傾きを持っているが、ド・ジッター宇宙では、その世界線が双曲線で表わされる。四十五度の直線が双曲線になっているので、ctを軸として回転すれば、中央部のくびれた鼓の胴のような形となる。この両者の違いを別の例でわかりやすく言えば、同形の二つの円を数十本の直線でつないで円筒を作り、その円筒をねじを回すように百八十度ねじると、「ミンコフスキーの円錐」ができ、ねじれを百八十度から緩めていくと、鼓の胴のような単片双曲面が現れる。これがド・ジッター博士のつくった模型であり、単片双曲面の母線は四十五度傾いていて光の世界線となっている。ここでは各粒子の運動経路も双曲線であるが、その速度が光よりも遅い場合には、その世界線は鉛直面上にあるので、光量子の世界線とその粒子の世界線とは一回だけ出会うことになる。

このド・ジッターの宇宙モデルは、アインシュタインの宇宙方程式を平均密度0として解いたもので、それによれば、「各物体間に互いに拡散しようとする傾向が見られる。いずれの物体も、観測者から外側に向かって、その距離に比例する加速度で反撥されねばならぬことになる。したがって、時計の振子のうごきは遠方に行くにつれて遅れてゆく」(稲垣足穂)という結果になった。つまり、この世界でド・ジッターが「宇宙の水平線」と呼んでいる所まで行くと、振子は完全に停止してしまい、いくら長く待ってみても何も起こらない。ド・ジッター宇宙では、アインシュタイン宇宙に見られるような〝光の宇宙一周〟は行われないのである。ただ、「宇宙の水平線」の近くに行っても、そこには何の変わったことはなく、われわれが今までいたところが「水平線」になっているというのである。

「遠方では時計が遅れる」

星に憑かれた文学者稲垣足穂は、ライデン大学の天文台長のド・ジッターが、われわれの宇宙の「遠方では時計が遅れる」と述べたのを非常に気に入ったようで、「『あちらでは時計が遅れている』とか、『また何時か、時計の振子が止りかかっているような遠方でお逢い致しましょう』とかは、われわれの折にふれての詩想の中に差し挟んでも、少しも可笑しくはない」と言って楽しんでいる。たしかに、アインシュタインから始まる相対論の宇宙世界には、「宇宙の水平線」といい、四次元空間といい、あるいは〝時間のパラドクス〟といい、単なる物理学にとどまらぬ、何かわれわれの詩的想像力を刺激するところがあるようである。たとえば、それは、子供のころ夜空を何時間も眺めていたときのような神秘的な驚きにも似たものである。

では、「遠方では時計が遅れる」とは、どういうことか？　ジョージ・ガモフの『不思議の国のトムキンス』から、少し長い引用をしてみよう。この本は、稲垣足穂も「何とも釈然とし得なかった消息が、ガモフ博士の率直な云い方と、一種飄逸の赴きがある自筆の挿絵とによって、いっぺんに氷解した」と言っているように、相対論入門の名著である。その前に、時間の同時性を定義しておけば、場所Ａから光の信号が送られ、場所Ｂでそれを受けるや否やＡに向って送り返すとしたとき、信号がＢに達した瞬間にそこの時計が、Ａにおいて信号を発した瞬間と受けた瞬間に記録した時刻の中間の時刻を示している場合をいうことを確認しておこう。そうしておかないと、われわれが漠然と理解している公共的共通時間では理解できないことが出てくるからである。

さてそこで、反対方向に動いている二台の長いロケットの両端に座った四人の乗組員が時

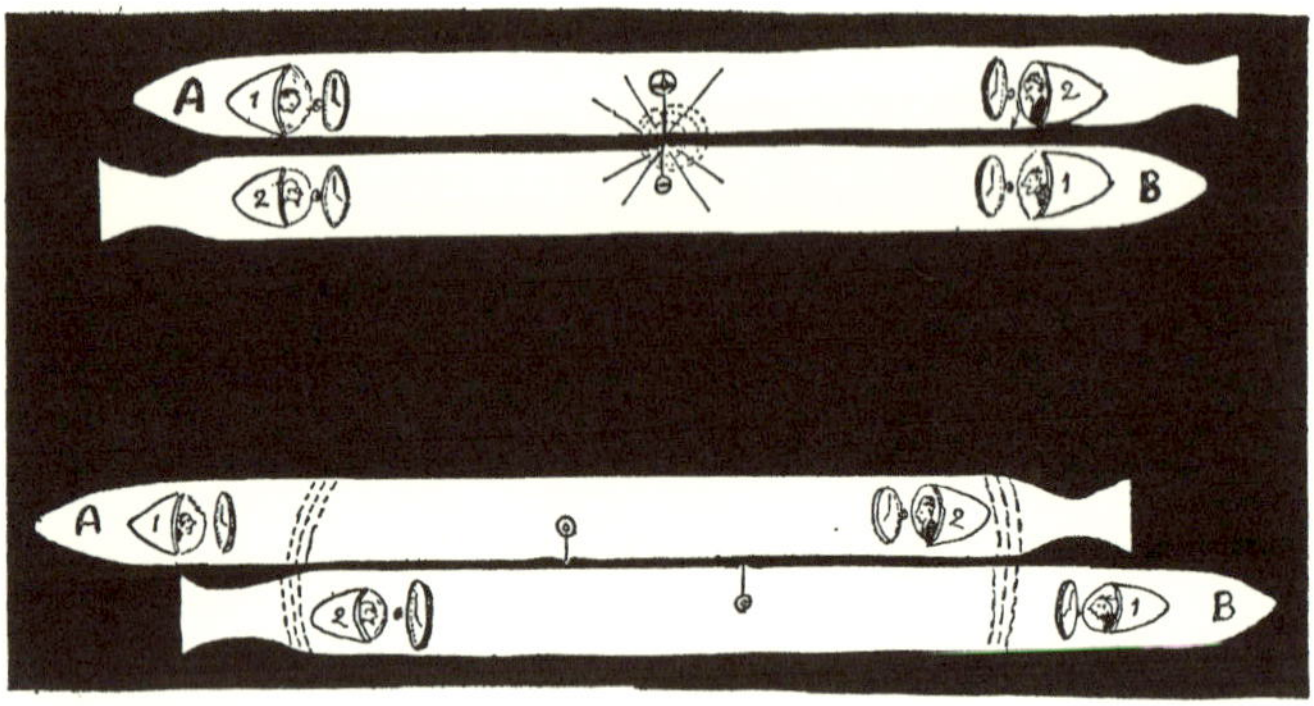

『不思議の国のトムキンス』の挿絵。『トムキンスの冒険』（G・ガモフコレクション、白揚社）より。「2機の長いロケットが反対の方向に動く。」とのキャプションが添えられていた。ビッグバン説を唱えたG・ガモフの「相対論入門の名著」。稲垣足穂もこのガモフ自身の挿画の入った本を愛読した。

間を合わせようとするとどうなるかという話である。

「四人の観測者がおのおののロケットの前後の端に位置を占め、まず第一におのおのの時計を正確に合わせようとしたと考えて下さい。おのおのの観測者の組はそれぞれのロケットの上で、先に述べたような方法で（あらかじめ物差しではかった）ロケットの中央から光の信号を発して、そのおのおの端に達した時、彼らの時計のゼロ点を合わせることにより修正できます。かくして観測者の組はおのおのの前に述べた定義に従って、自分自身の系における同時の基準を確立し、時計を「正しく」――もちろん彼らの観点からいってですが――合わせます。

そこで今度は自分のロケットにおける時計の読みと、他のロケットにおける読みとが合っているかどうかを見ようと考えます。たとえば、異なるロケットにいる二人の観測者の時計が、彼らがすれ違う際に同時刻を示すかどうかを調べることとします。これは以下のような方法で調べることができます。すなわち、おのおののロケットの幾何学的中央に電気を充電した二つの導体をそなえつけます。こんなふうにしておけば、ロケットがすれ違う際に二つの導体の間に火花が飛び、光信号がおのおののロケットの中央から同時に両端に向って発せられます。光信号は有限の速度で伝ぱんするので、観測者に達するまでに二台のロケットはその相対的位置をかえ、観測者２Ａと２Ｂは観測者１Ａや１Ｂよりも光源に近くなります。

　光信号が観測者２Ａに達した時、観測者１Ｂは２Ａよりうしろにいるはずですから、信号が１Ｂに達するまでにさらに少し時間がかかることは明らかです。だからこんなふうにして、１Ｂの時計を信号が到達した時にゼロ時刻を示すように合わせたとすれば、観測者２Ａはそれは正しい時間より遅れていると主張するでしょう。同じように、ロケットＡにいるもうひとりの観測者１Ａは、２Ｂは彼より早く信号を受けたのだから、２Ｂの時計は進んでいるという結論に到達するでしょう」。

　この観測者２Ａが地球にいるわれわれで、観測者１Ｂが物凄い速度で後退する天体にいるとすれば、地球から見た遠方の天体での時間は遅れるということになる。

　ここでいう時間とは、「時間がない」「時間が滞っている」「時間を稼ぐ」などと言うときの、われわれの「根元的与件」から生じる「内的時間」でないことは言うまでもあるまい。

これらは、ベルクソンの言う「空間化された」時間であり、計量された時間である。しかし、公共的共通時間は、「内的時間」から構成されるとはいえ、空間化され計量された時間として設定されなければ成り立たないものである。アインシュタインの時間論をベルクソンが批判したのに、アインシュタインが取り合わなかったのも当然で、「純粋持続」(ベルクソン)とか「内的時間」(フッサール)を持ち出せば、科学は成立しなくなってしまうからである。のみならず、われわれは、日常生活においても、時間を計量して生活しているのである。当のベルクソンが某日グリニチ天文台を訪れて思いのほか時間を費やした時、「ロンドン行の最終列車に間に合うかな」と言いながら、時計を出してみたという話を、稲垣足穂が『僕の〝ユリーカ〟』の中で紹介している。

宇宙空間の極遠

さて、ド・ジッター博士が「われわれから非常に遠方にある天体は、いずれも大速力をもって、われわれの所から後退していなければならぬ」としたことから、われわれの宇宙は膨張していると考えられたが、それは数式から導きだされたもので、なんら実証されたものではなかった。しかし、一九二九年、宇宙に小島のように浮かぶ銀河を観測していたエドウィン・ハッブルは、われわれから遠くにある銀河ほどスペクトルが赤い方にずれていることに気づき、ド・ジッター博士の理論を実証したのである。

ハッブルは、オックスフォード大学法科を卒業して弁護士志望だったが、天文学者に転身したという経歴の持ち主で、学生時代にはプロの勧誘を受けたボクシング選手だったという から、天文学者としてはまったくの変わり種である。ハッブルが一九一九年にヘール博士か らウィルソン山天文台に呼ばれた時期は、天文学界ではアンドロメダ星雲M31がわれわれの 銀河系の中にある天体か外にある天体かという問題で、銀河系内説を唱えるシャプレーと外 部説を唱えるカーチスの間で論争が起こっていたときである。すでに十世紀にはアラビアの 天文家アル・スフィーの書に記載されていたというアンドロメダ星雲は、シモン・マイヤー によれば「薄い角質《ケラチン》を透して見た灯火のよう」に明瞭には捉えられない星雲であった。この 謎の星雲がわれわれからどのくらい離れているのか、ハッブルにはどうしても捉えてみたい 関心があったのである。

星雲にはさまざまな種類があるが、十八世紀後半、彗星に興味を持った天体観測家のメシ エが、彗星と紛らわしい天体約一〇〇個のメシエ・カタログを作って、星より広がりのある 天体を星雲と名づけたのだった。現在でも使われている星雲番号のM（たとえば、アンドロ メダ星雲M31）は、このメシエ・カタログによっているのである。その後、ハーシェル親子 が星雲と星団のリストを作り、その仕事を引き継いでNGCと呼ばれる天体カタログが作ら れたが、その一方で、当然のこととして、星雲の正体が問題となっていたのである。哲学者 のカントがアンドロメダ星雲を推論して「島宇宙」説（この説をもととして数学者ラプラス が発展させたので、カント＝ラプラス星雲説と言われるようになった）を唱えた数年後には、 父のウィリアム・ハーシェルが銀河系の構造を発表している。こうして、星雲の正体に関心が寄せられるとともに、そうした天体がどのくらいの距離にあるのかにも話題が集まり、一九一二年、ローウェル天文台のスライファー博士は特別製のカメラと分光器を使って、アンドロメダ星雲M31のスペクトルを撮影した結果、銀河系内の天体ではないのではないかと推測したのだった。

ハッブルの場合は、まず、長い焦点距離によって大きく拡大したアンドロメダ星雲の写真を撮った。そうすると、雲のように見えていた輝きは一つ一つの星であることが確認され、この星を使って距離を求めると、アンドロメダ星雲は、われわれの銀河系内の天体でないことが判明したのだった。

その後、ハッブルは口径二・五メートルの大反射望遠鏡を使って、さらに遠くの宇宙を観測しつづけ、夥しい数の天体の光のスペクトルを調べた結果、われわれの銀河から遠くにある銀河ほどスペクトルが赤い方にずれていることに気づいたのである。この赤方偏移（レッドシフト）の現象は、ドップラー効果によって起こったものではないかというのがハッブルの考えであった。たとえば救急車が近づいてくるときサイレンの音は甲高く聞こえるが、遠ざかっていくときは低く聞こえるように、光でも、光源が近づいてくるときは波長の山と谷が狭くなるため波長の高い青の方にシフトし、遠ざかるときは山と谷が広がって波長の低い赤の方にシフトする。つまり、ハッブルの発見した赤方偏移は、銀河が遠ざかっていることを意味するのである。

赤方偏移はその度合が大きいほど高速で遠ざかっていることになるのだが、ハッブルは、

「われわれからの距離」と「遠ざかる速度」との関係を図に表わし、そこから、「遠くの銀河ほど速いスピードで遠ざかっている」という「速度距離関係式」を打ち立てたのであった。すなわち、〝ハッブルの法則〟である。そして、このハッブルの発見は、「宇宙全体が膨張している」ことの証明にほかならず、ド・ジッターの宇宙モデルを実証したかたちになったのである。

ハッブルによって膨張宇宙が発見される前の一九二二年に、ロシアの数理物理学者フリードマンが提唱した動的宇宙モデルは、アインシュタインの一般相対論にもハッブルの赤方偏移の観測のどちらにも矛盾しないものであった。それまでのアインシュタイン宇宙モデルは、静的であり、ド・ジッターの膨張宇宙は動的ではあったが、物資は皆無の場合にのみ成り立つものであった。それが、「宇宙の姿をあらわす方程式」を厳密な計算で解いたフリードマンの宇宙モデルでは、空間の曲率によって、すなわち宇宙の物質密度によって収縮する宇宙、膨張する宇宙、平坦な宇宙の三つがあると言うのだった。第一の収縮する宇宙とは、銀河が遠ざかる速度が緩やかなため、互いの重力による引力が最終的には銀河を止め、逆に接近し始めるようになる。このモデルでは、最大限まで膨張した宇宙は、再崩壊するにいたる。第二のモデルは、銀河が遠ざかる速度があまりにも速いため、重力が銀河を止めることができず、永遠に膨張を続けることになる。大きく括れば、ド・ジッターの宇宙もまた、この中にすっぽりと収まってしまうと言えるだろう。残りの第三のモデルは、銀河が再崩壊をまぬがれるぎりぎりの割合で遠ざかりつつあるというものである。

どのモデルがわれわれの宇宙に対応するのかは、現在の膨張率を、現在の平均の質量密度と比べることで決まるのであるが、直接観測できる宇宙の物質の質量では膨張を止めるのに十分ではないとされている。しかし、この宇宙には直接観測することのできない見えない物質（ダークマター、ダークエネルギー）がずっと多く存在しているとも言われ、この見えない質量が膨張を止めるかどうかはいまだ結論を得ていないのである。

現代宇宙論の注目を集めている「ダークマター」から思い出したことであるが、「アインシュタインよりド・ジッター」が好きという稲垣足穂によれば、透明な翅《はね》をもった「理性ばかりの、しかも気狂いになった昆虫」のようなフランスの画家ピカビアが、アインシュタインに関してこんな感想文を残しているという。――自分は少年時代に、お父さんから天秤を買って貰ったことがある。それは玩具でありながら、一匹の蠅や一本の髪の毛の重さも測れるほど精巧な道具だったので、ある時思い付いて、その天秤を窓辺に持ち出し、一方の皿に日光を当て、片方の皿はついたてで囲って皿の上に闇を載っけた。アインシュタインの名を聞いた時、自分はこの幼少の折の実験のことを思い合せた、と言うのである。

現代において、ダークマターを捉えようとすることは、この闇を計量しようとすることと言えるかもしれない。

ビッグバンと宇宙の誕生

宇宙が膨張しているとすれば、時間を遡っていくと、宇宙の始まりがどうなっていたのかという疑問に行き着くことになる。

この宇宙誕生の問題に関して、一九二七年に、ベルギーの神父ルメートルはフリードマンの動的宇宙論から着想を得て、「宇宙の卵」という考えを提出したが、ハッブルが膨張宇宙を発見する以前のことであったから、ほとんど問題とされなかった。というのも、われわれの住んでいるこの巨大な宇宙が卵ほどの大きさになってしまう状態とはどんなものか、見当もつかなかったからである。相対論の「宇宙の姿をあらわす方程式」を使ったフリードマンの動的宇宙論でこの極限の状態を解釈すると密度は無限大となるものの、太陽と同じくらいの星が一〇〇〇億個以上集まった銀河が一〇〇〇億個以上あるというこの宇宙が、すべて卵のような小さな領域に詰め込まれることなどあり得るのだろうか。また、もしそうなった場合の、一ccの質量が何千億トンという物質の存在とはどんなものか想像もできなかったのである。そして、それより先は純粋に形而上の問題だということになり、教会の参事会員でもあったルメートルは、宇宙は「神の一撃」で始まったとして、宇宙誕生の原因には触れずに、宇宙が始まった直後を扱ったのである。

しかし、この宇宙が「宇宙の卵」から始まったというルメートルの考えは、ガモフのビッグバン説に受け継がれていくのである。世界的なベストセラー『不思議の国のトムキンス』の著者でもあるガモフは、一九四六年、宇宙は「熱い火の玉」が膨張して始まったものであると発表したのだった。

ガモフがビッグバン説を発表したのは、もともと彼が地球上の物質の起源に関して興味を抱いていたことと関係する。つまり、ガモフは、宇宙のほとんどを占めるのが水素原子であることから、それが極限まで圧縮されたとき、プラスの陽子一個とマイナスの電子一個でできた水素原子は、陽子が電子を吸収して中性子ばかりの宇宙となるであろうが、これが膨張するとき、水素、酸素、窒素、鉄などの地球上にあるような物質が生まれると考えたのである。しかし、実際には、ガモフの予想とは異なった奇妙な現象が現れた。まず中性子がベータ崩壊を起こした陽子と電子に変わると、その陽子が直ちに残っていた中性子と反応して重水素となり、この重水素は中性子をさらに吸収して三重水素となり、これがすぐにベータ崩壊してヘリウム3ができる。このヘリウム3にさらに中性子がついてヘリウムとなるが、こうした反応が進んでいくと、宇宙には重い元素が次々に現れてきて、水素七十五パーセント、ヘリウム二十四パーセント、その他一パーセントという現在の宇宙の物質構成に比べて、重い元素の比率がはるかに高くなってしまうのである。なぜそうなってしまうのかと考えたガモフは、最初の極限まで圧縮された宇宙が「熱い宇宙」であれば、超常的な高温の粒子のかたまりが外に向けて一挙に膨張して、そのかたまりの温度が一〇億度程度まで下がったとき、最初の原子が形成される。つまり、高温であれば、素粒子同士が激しく運動して、予想したように核反応が進み、それが冷えるとき現在の元素構成の宇宙ができると結論したのである。

現在のところ、ビッグバンの時点では、宇宙の大きさはゼロであり、無限に熱かったものが、膨張するにつれて放射温度が低下し、ビッグバンの一秒後には、温度は約一〇〇億度に下がっていると考えられている。この宇宙に含まれているのは主として光子、電子、ニュートリノとその反粒子、そして、若干の陽子と中性子である。そして、ビッグバンの一〇〇秒後には、宇宙の温度は、最も熱い星の内部の温度である一〇億度に下がっている。この温度で、ガモフが描いた世界が現れ、陽子と中性子が結合して重水素の原子核をつくりはじめる。そして、ビッグバンから数時間もたたないうちに、ヘリウムその他の元素の生産は停止してしまい、それ以後、一〇〇万年くらいの間、宇宙は膨張するだけで、大きな変化は起こらない。そして、温度が数千度になって、電子と原子核が両者の電磁気的引力に打ち勝つエネルギーをもたなくなると、結合して原子をつくりはじめ、現在の宇宙になってくると考えられるのである。

しかし、現在見られるほどに宇宙が大きくなる膨張のエネルギーはどこから来るのか？そう考えると、ガモフの提唱したビッグバンのその前には何があるのかが当然問題になってくる。

宇宙初期の高温に由来する黒体《こくたい》輻射《ふくしゃ》が、一九六五年、ペンジャスとウィルソンによって発見され、ビッグバン理論は裏づけられたが、この「火の玉宇宙」モデルには、宇宙の始まりのゼロ時刻に宇宙のスケールがゼロとなり、その特異点からはじまるという欠点があった。つまり、ビッグバンの前に神の手による《無からの創造》がなされたことになり、それを取り除こうとする努力が払われ、インフレーション理論が登場したのである。その考え方によると、ビッグバン前の最初期の宇宙はガモフの考えた「火の玉宇宙」のような高温ではなく、現在のような素粒子物質は一切存在しなかったというのである。ビッグバンのさらに先にある宇宙とは、真空状態と呼ばれるもので、素粒子物質はないもののエネルギーはゼロではない秩序あるなめらかな宇宙である。この素粒子よりも小さな宇宙は最初ごくわずかの時間ゆっくりと膨張し、その後すぐに膨張の割合を増して、一定の大きさになるまで急激に膨張する。このエネルギーによる重力は斥力であるために、膨張を加速させるように働く。この加速膨張がインフレーションと呼ばれるものである。素粒子物質の場合は、膨張にともない物質の密度は減少するが、真空エネルギーは、膨張しても密度は薄まらず、一定のままであるため、空間体積が増加するにつれて、真空エネルギーは大きくなる。こうしてインフレーションの間は、加速膨張によって膨張エネルギーもどんどん得られるというのである。

こうした世界は、大きさが時間的に変化するという考え方自体が成り立たない、量子力学でなければ捉えられない「量子宇宙」の世界なのである。言い換えれば、「時間や空間が存在しない状態」とは、われわれが日常的に考えている時空ではなく、時空の状態が量子的だということである。

そして、真空状態のエネルギーが、インフレーションの中で熱い素粒子の気体を発生させる。つまり、宇宙の中身は、ある意味では、《無からの創造》によって生まれる。そこでは、おそらく、物質と反物質が一緒になってエネルギーになる逆の行程によって、物質が生まれるのであろうと考えられている。物質が粒子と反粒子の対という形でエネルギーから生みだされるということである。こうして「火の玉宇宙」が発生すると、素粒子物質のエネルギーが真空エネルギーを上回り、加速膨張から減速膨張に転じて膨張がつづいていく。その膨張する宇宙に恒星が生まれ、銀河が出現する。宇宙が誕生して、一五〇億年たった世界が現在われわれのいる「星の宇宙」というものである。この夜空に星が輝く美しい世界は、星を輝かせている原子燃料が燃え尽きるまで続いていくのである。

しかし、「真空状態のエネルギーはどこから来たのか？」という疑問が当然わきおこってくるはずで、これに対しては、宇宙の重力エネルギーから借りてきたものであると説明される。それでは、その重力エネルギーは……となり、疑問は尽きることがない。たとえ、ビレンキンの言うように「無」のなかにトンネル効果によって突然宇宙が生まれたのではなく、ホーキングの言うように「虚時間」の世界から〝メヴィウスの輪〟が裏返るようにして連続的に宇宙が現れたという解答が与えられても、その解答には、また、その「虚時間」に関する疑問が生じるのである。こうした疑問は、宇宙の謎があるからではなく、われわれの思考が疑問の上に成り立っているからであるといえる。

言い換えれば、われわれは物質がない状態は想像できるが、時間も空間もない状態は想像できないというのと同じである。量子的な時空とはどんな世界なのかと考えても、想像できないということである。〝小さな宇宙〟というのは、無限の空間のなかに宇宙という物体が浮かんでいるという状態ではない。物質の占める領域が小さいのではなく、空間そのものが小さかったということである。それでも、かりに空間そのものが小さいとして、その空間の外はどうなっているのだろうと考えてしまうのがわれわれの思考のもつ宿命である。そうであるがゆえに、カントは、時間と空間は人間の直観形式であるとしたのだった。

これに対して、相対性理論は、時間や空間をわれわれの主観とは切り離して捉えるのである。つまり、「われわれは粒子の運動や物質の変化を、時間・空間という尺度を用いて表しています。では時間・空間そのものの変動は、何を尺度にして表現したらよいのでしょうか？　宇宙の時間・空間の外に、別の時間・空間があるわけではありません。じつは、われわれは物質の状態と時間・空間の相対的な変動を見ているに過ぎないのです。たとえば時間の感覚は太陽が昇ってまた沈み、そのうちに季節も変化するという具体的な出来事に基礎をおいています。すなわち、抽象的に時間というものが存在しているのではなく、具体的な〝時計〟があるだけなのです。時計の役目をするような「変動」が存在する状態においてのみ、時間という考え方が役に立ちます。時間というのは宇宙を離れて存在するものではなく、宇宙の〝部分品〟を時計として用いることで発明された「考え方」」（佐藤文隆『宇宙のしくみ』）なのだということである。これは、「内的時間」を客観化するに際して、外部の現象に仮託して共通時間が生みだされたということを言っているのであり、われわれは、外部の現象に仮託した共通時間を基準にしてその外部世界を追求していったところ、光速を基準として考える世界に至り、さらには時間も空間もない世界、四次元世界同様の、われわれの想像を超えた数式の世界にたどり着いてしまったということである。

ところが、われわれは、こうした量子宇宙を主観の直観的形式としての時空の中で想像し、あるいは現に存在する者として「内的時間」に生きているので、その自らの存在様式を抜け出して、時空のない世界を想像することはどうしてもできないのである。

ブラックホールの時間

夜空を見上げると無数の星が見られるが、そうした星の中に、光も発せず、どこにあるか姿を隠して、近づく物は何でも呑み込んでしまう星があるという話を聞いて、子供心に恐怖を覚えたことがあった。星の「姿なき殺人鬼」とも言うべきブラックホールは、ポオの「メエルシュトレエムの渦」のように恐ろしかったが、どこにあるかわからないことと、呑み込んだ物の残骸すら残さないことが、それ以上に無気味であった。

一九三九年頃、核物理学者のオッペンハイマーはウィルソン山天文台の天文学者と知りあったのが切っ掛けで、その一生を終えた星が自身の重力でどんどん縮んでいったらどうなるかと考え、ブラックホールを予言していた。このオッペンハイマーとは、アメリカの原子爆弾開発に参加し、ロスアラモス実験施設の最高責任者となった人物、言ってみれば原爆の発明者である。

夜空の星が輝いているのは、核融合反応で水素が燃えているためであるが、その残りかすとしてヘリウムが中心に溜まってくる。この過程では、核融合反応で発生した熱による圧力が、星が縮もうとする力を抑えている。そのヘリウムの芯が大きくなると中心部は高温になり、星の明るさも大きさも増す。この超巨星の時期を経て、核燃料を使いつくしてしまった星は、縮もうとする重力を抑えきれずに、重力のために崩壊する。そのあとに暗くて小さい白色矮星、中性子星、あるいはブラックホールが残るが、どのような形で残るのかはもとの星の質量によって決まる。ブラックホールのように極度に落ち込んでいくと、空間が極限まで曲げられるため、光すら宇宙の彼方に飛び出していくことができない。たとえば、質量が太陽の十倍くらいで半径が五倍くらいの星は、その表面での脱出速度は秒速一〇〇〇キロメートルくらいであるが、その星が収縮してゆくと表面での重力はさらに大きくなり脱出速度も大きくなる。脱出速度とは、天体の重力を振り切って宇宙に飛び出すのに必要な速度であり、地球からロケットを発射する場合も、地球からの脱出速度を超えなければロケットは落下してしまうことになる。半径が太陽の五倍くらいの星の半径が三〇キロメートルくらいにまで収縮すると、脱出速度は秒速三〇万キロメートルとなり、これは光の速度である。そうなった場合、星から放出される光も外へ飛んでいくことができず、重力場に引き戻されてしまう。重力とは空間の曲りであるから、そこでは、宇宙の外に広がる空間はなくなっているということである。

こうしてできたのがブラックホールであるが、そこは、光が宇宙の彼方に飛び出していくことのできない時空の領域であり、その境界は〝事象の地平線〟と呼ばれている。星から出た光は宇宙の彼方に脱出できず、シュバルツシルト半径 $2GM/c^2$ のところに留まっている(ここで、Gはニュートン重力、Mは星の質量、cは光速度である)。その星が太陽質量の十倍くらいの場合は、シュバルツシルト半径は約三〇キロメートルとなり、この半径の一・五倍以内に踏み込むと、すべてがブラックホールに呑み込まれていくことになる。半径の一・五倍の一歩前で、光がブラックホールの近くを通ったとすれば、反転して光源の方向へ戻っていくことになる。

その後、一九七四年ころに、それまでブラックホールでは落ち込んでくるどんな熱放射も吸い込んでしまい、何も放出しないとされていたのが、通常のある温度の高い物体と同じように、粒子や放射を生成して放射していることがわかったのである。つまり、ブラックホールに吸われていくものが熱いガスだったりすると、その吸われていくものから光が発せられる。吸い込まれていくものがＸ線を出している場合も、Ｘ線は光であるから、吸い込まれる一歩手前で光を出している。こうしたブラックホールが、たとえば白鳥座Ｘ－１として知られるＸ線星だと言われる。この星は、星と星がお互いの周りをまわっている連星であり、その一方が、ブラックホールとなったために、他方の星の物質がどんどん吸い込まれ、呑み込まれていく物質同士がぶつかって大量のＸ線を放射している。

　また、星の重力崩壊によってできたブラックホールではなく、ビッグバン直後に高温・高密度の凝縮した領域が崩壊してできたブラックホールもあるといわれる。こういった原始ブラックホールは、一〇億トン程度のもので、半径10^{-13}センチメートル程度で、太陽のまわりにも、銀河系の中心部にもあるかもしれないといわれている。

　それまで何も放出しないとされていたブラックホールが、熱的な放射を行える理由は、数学的にはさまざまな方法で求められてきた。たとえば、量子力学的には、つぎのように考えられる、とホーキング博士はいう。

「量子力学によれば、空間は、〝仮想的な〟粒子と反粒子の対で満たされています。この対は、つねに粒子と反粒子の対の形で生成し、互いに遠ざかっていき、しまいにはまた近づい

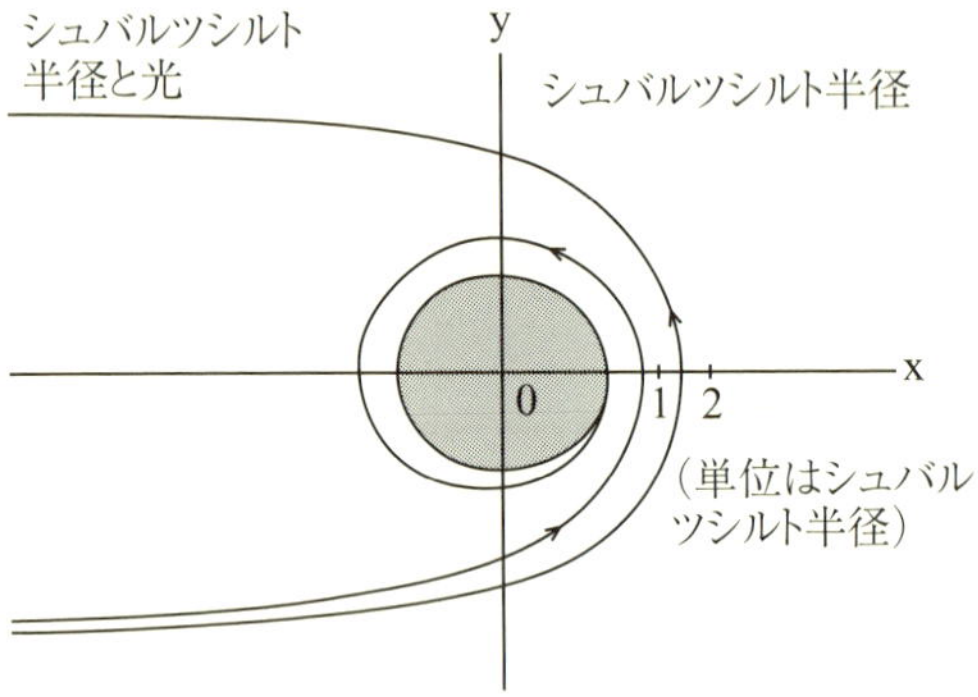

ブラックホールの境界。シュバルツシルト半径の 1.5 倍以内に踏み込むとブラックホールに呑み込まれるが、その一歩前を通ったとすれば、反転して光源の方向へ戻ってくる。ジュール・ヴェルヌの『月世界旅行』で、巨大な大砲で打ち上げられた砲弾ロケットが月の周囲を回って帰ってきたように。

てきて、対消滅してしまうのです。これらの粒子と反粒子が仮想的といわれるのは、〝実在の〟粒子と違い、粒子検出器で直接観測することができないからです。それにもかかわらず、仮想粒子の効果を間接的に測定することはできます。仮想粒子が実在することは、励起状態にある水素原子から出る光のスペクトルに生じる小さなズレ（ラムシフトという）から確かめられています。

さて、ブラックホールがあると、そういう仮想粒子–反粒子の対の一方は、対消滅する相手を残して、ブラックホールに落ちていくでしょう。取り残されたほうの粒子、あるいはそれは反粒子かもしれませんが、いずれにしろこちらのほうは、相手が先にブラックホールに落ちていったあとで、やはり自らもブラックホールに落ちていくかもしれませんし、あるいは、無限の彼方に逃げ去っていくかもしれません。そうなれば、それはあたかも、ブラックホールから放射が放出されたように見えるのです」。

このブラックホールから発せられるX線は、ずっと落ちていくのを遥か遠方から見ていると、最初のX線から普通の光になり、赤外線になり、電波になるというふうに変わってくる。つまり、あちらで起こっていることがゆっくり見えるようになり、赤方偏移が見られるのである。ブラックホールの〝事象の地平線〟でもまた、時計が遅れ、時間が止まって見えるのである。佐藤文隆博士の『宇宙のしくみ』には、こんなたとえ話が書かれている。

「たとえば、叫び声をあげてブラックホールに落ちたとしますね。そうしたら、その音がだんだん低波長のウーッというような音になって、それで彼が手をバタバタしているその動きが止まってしまうはずです。動きが凍結してしまうわけです。いつまでもあいつはあそこにいるということになります。ただ、そこからやってくる光は全部エネルギーが小さくなりますから、どんどん暗くなっていきます。……それでは、永劫に破滅というのは来ないのかというと、ブラックホールの中に行く人はあっという間にバラバラになっています」。

「存在の漸近線」と「知の追跡線」の〝彼方〟

最近の宇宙論によれば、ブラックホールに落ちた宇宙飛行士は、現実世界では死を迎えるが、虚時間の中ではベビーユニバースあるいはホワイトホールを通って別のブラックホールから放出される粒子となって出現するという。勿論、比喩的に言っているのであって、その時、粒子はかつての宇宙飛行士とは全く別の粒子に変わっているのだから、われわれ人間にとって意味を持っていることとは思えない。だが、この別ブラックホールとはある種の別世界であり、考え方によっては、遠い遠い太古の昔からわれわれの思考に根づいている〝あの世〟だと言えるのではないだろうか。

あるいは、ビレンキンが「無からの宇宙創生」で言ったように、宇宙が量子世界の「トンネル効果」から発生したとすると、それは、異次元からの突然の出現であり、神の《無からの創造》とどこが違うのであろうか？　ホーキングはビレンキンの説では、宇宙の始まり以前は時間も空間も存在しない「無」であることになり、時間がそこで途切れることは科学的ではないと考えているので、時間がゼロのところで「虚時間」になると言う。しかし、その「虚時間」とは、プロティノスの「永遠から流れ出す時間」とどこが違うのだろうか。

われわれは、思考に思考を重ねるなかで〝真実〟を捉えようとしているが、その知の行為は、「存在の漸近線」に対して別の任意の点から始まる「知の追跡線」が曲線を描きながら無限に漸近線に接近しているだけで、この「知の追跡線」が「存在の漸近線」に交わることは決してないという宿命を背負っているのではないだろうか？　その交わらない「知の追跡線」の無限の彼方に描かれる〝真実〟とは、われわれの思考に根づいた〝あの世〟であり、神による天地創造であり、言ってみれば、カントの先験的仮象の世界といえるのではないだろうか？　つまり、カントは、宇宙に始まりがあるという定立も、宇宙は永遠に存在していたという反定立にも、ともに論拠があるとして純粋理性の二律背反と呼んだが、そのように、われわれの思考様式自体に〝真実〟に到達しえないものがあるかもしれないのである。たとえば、ブラックホールのその先に別のブラックホールが提起されたということは、「存在の漸近線」により一歩近づいたとはいえ、交われないところに描きだされた幻影が蜃気楼のように先に先にと現れているということである。「虚時間」という概念もまた、おそらく、そうした幻影の一種と言えるのではないだろうか。

われわれの思考は、神による《無からの創造》を否定して「虚時間」を見いだしたが、その「虚時間」はどこから来たのかと考えてしまうのである。かりに神による《無からの創造》を認めたとしても、その神を捉えることができるわけではない。そのために、いかなる結論が得られたとしても、われわれは、自身を納得させるためにさらに遠方まで追求しなければならないのである。それは、宇宙の側から来る問題ではなく、おそらくわれわれの思考様式が持つ宿命だからである。

これは、量子論の世界においても同様であり、ある意味では、古代ギリシアのデモクリトスが世界は原子から成り立つという解答を提起した思考様式からほとんど歩みだしてはいないともいえるのではないだろうか。最近、科学の最先端と目される量子力学の世界において、物質の構造が解明されつつあるかに見えるが、それもまた、「知の追跡線」が「存在の漸近線」に沿って曲線を描きながら無限に近づいているだけで、決して交わらないことでは同様なのである。具体的に言えば、物質は最小単位の原子からなるとされたデモクリトスの時代から時代を下るにしたがって、その原子を構成するのは原子核と電子だとされ、さらに原子核は陽子と中性子からなり、陽子・中性子・電子などの素粒子が物質の究極の単位とされたのである。しかし、その素粒子もさらに細分化され、強い力で相互作用を行う陽子・中性子・パイ中間子・ケイ中間子などは六種類のクォークからなり、強い力で結合することのない電子やニュートリノのような素粒子はレプトンと呼ばれ、これも六種類あるとされるようになった。だが、おそらく、そのクォークやレプトンもさらに小さな単位の何かから構成されているはずであり、この追求も終わることがないことは容易に想像がつくであろう。

さらにまた、現在、科学者たちは一般相対性理論と量子力学を宇宙を解明する際の基礎的な理論としているが、この二つの理論を取り込んだ重力の量子論の探求をさらに大きな目標としている。それによって、究極的には宇宙のすべてを説明しえる一つの完全な統一理論が得られると考えているのであるが、そこには根本的なパラドクスがある。ホーキングが言うように、そうした「科学理論に関する考え方は、われわれが理性的な存在であり、欲するままに宇宙を観測でき、見たことから論理的な結論を引きだせることを前提としている。この図式にしたがえば、われわれは宇宙を支配している法則にしだいに近づいていけると考えるのが当然である。しかし、もし完全な統一理論が本当に存在するとすれば、それはわれわれの行為をもたぶん決定しているだろう。これはつまり、この理論をわれわれが探求することによって得るだろう結果も、この理論自身によって決定されているということだ！　しかし、われわれが証拠から出発して正しい結論にたどりつくことをこの理論が決定づけていると、どうして言えるのか？」ということである。われわれの思考自体が誤った結論を引きだすように決定づけられているとしても不思議はないし、結論にたどりつきさえしないようになっているのかもしれないのである。結論にたどりついても、それを証明することができないことも十分に考えられるし、「知の追跡線」は遂に交わらないかも知れないのである。

とは言っても、現代の科学的追求に意味がないというのではない。量子力学の世界でも、電子工学、あるいは医学の世界でも、「知の追跡線」が進む過程で、さまざまな発見・発明の実用化がわれわれの世界を変えているからである。たとえば、現実の世界で、現実の物質を用いて作られた正方形に対角線を取り付ける必要があった場合、$\sqrt{2}$が通約不可能であるために、その対角線が手前の隅から向こうの隅までほんのわずか届かなかったとしても、あるいは、ほんのわずか飛び出していたとしても、現実にはさほど問題はない。あるいはまた、$\sqrt[3]{4}$が電卓では1.587401051968と計算され、その数を3乗しても4にはならないが、それもいまのところ、機械装置や電子機器の製作において問題となることはないのである。

ただ、われわれが科学においても文学においても、ジャンルに関係なく探求心が働き、好奇心に動かされるということは、認識をはじめとしたわれわれの知的活動がわれわれ自身によるものであるということ、そして、その限りでは、われわれはわれわれの思考様式を超えることはできないということである。ホーキングの言うように、「どんな物理理論も、仮説にすぎないという意味では、つねに暫定的なものである。理論を証明することはできない」のである。

言い換えれば、文学・芸術のみならず、宇宙論や量子力学、あるいは数学が成り立つのもわれわれの想像力によるということである。二十世紀最大の数学者と言われるヒルベルトは、人から「彼はどうして数学者にならずに、詩人になってしまったのでしょう」と訊ねられて、「たぶん数学者になるには想像力が欠けていたのでしょう」と答えたと言われている。イギリスの数学者G・H・ハーディも同様に、「自分は人生を数のパターンに潜む美の探求に捧げていて、自分の人生は美の創造に捧げる画家や詩人と同列に扱われるべきだと思う」と語っている。ハーディは、数論に大きな足跡を残したが、自分たちの仕事は数学美の作品をつくることであり、実用的な価値は一切ないと考え、「私は何一つ『有用』なことはしなかった。私の発見は、直接的にも間接的にも、また良きにつけ悪しきにつけ、この世の快適さにいささかの寄与もしなかったし、今後もするとは思えない」とさえ言っているのである。

そのように、数学者が数学は想像力であると語っているということは何を意味するのであろうか。ゲーデルの「不完全性定理」は、ヒルベルトの数学から出てきたものと言われるが、宇宙論や量子力学といった物理学の根拠となっている数学もまた完全ではなく、〝真実〟に到達する保証はないということであろう。ただ、われわれは、目の前にある証拠から出発して正しい結論にたどりつける保証はどこにもないけれども、それでも、説明のつかないものを説明しようとし、われわれがなぜここに存在し、どこから来てどこへ行くのか、そして、なぜこのような思考様式を持っているのかを知ろうとしてしまうということである。

第五章　文学における時間

「架空の物語の中の時間」と読書体験

第一章で述べたように、マクタガートは、時間を考えるに際して、まず、われわれの視点から過去と未来を関連づける時間をA系列の時間と名づけ、視点に依存しない前後関係による客観的な出来事の羅列をB系列の時間と名づけている。そして、B系列だけでは時間を捉えるのに不十分であり、現在という視点からのA系列を組み合わせることで時間は捉えられるというのである。例えば、一五七二年の「聖バルテルミーの大虐殺」という事件は、一五六〇年の「シャルル九世の即位」の後であり、これは、われわれの視点によらない事実としてB系列の時間と位置づけられる。しかし、それだけでは、事件が点のように並んでいるだけで、過去も未来もそのつながりも認められない。「聖バルテルミーの大虐殺」を歴史（時間）的に捉えるということは、B系列における「一五七二年八月二十四日のパリ」という羅列された時間の一点を「現在」として、その時点に過去と未来の流れを捉える視点たるA系列を組み込むことにほかならないというのである。

このマクタガートの時間論と似た考え方をしているのが、文芸評論家の吉田健一で、彼の『時間』は、読書という体験を通してB系列の時間にA系列を組み込む作業を述べたものといえる。ボルヘスによれば、アメリカの詩人エマソンは、図書館は死者で満ち溢れた魔窟であり、われわれがページを開くとき死者は甦ると言っているという。つまり、死者の甦る時間を現在とすれば、われわれの想像力によって現在は存在するというのである。これは、ボルヘス自身が、「そもそも書物とは何でしょうか？　書物は、物理的なモノであふれた世界における、やはり物理的なモノです。生命なき記号の集合体なのです。ところがそこへ、まともな読み手が現れる。すると言葉たち――言葉たち自体は単なる記号ですから、むしろ、それらの言葉の陰に潜んでいた詩――は息を吹き返して、われわれは世界の甦りに立ち会うことになるわけです」と言っていることとも同じである。ただ、吉田の『時間』においては、読書における「世界の甦り」の体験が、読書体験以外の歴史的な体験や、実生活での対象認識にも、同じように適用される。そのため、小説や物語の読書体験のみならず、歴史的事件や文化の追体験においても、歴史的順列ともいえるB系列の時間的順序関係が極めて稀薄になり、客観的共通時間をもって測られる歴史や現実の体験が無時間的に体験される「世界の甦り」と同じ体験とされるのである。その結果、すべてが現在の想像力によって甦らされるものとなり、現在の実在性だけが強調されてしまうのである。たとえば、「ワイルドがビアズレイの絵を評して今自分は頽廃期のロオマにいると言ったのはそのことを指している。或る時代を選んでそこで時間が再び流れ始めるのでなければその時代はないのでその逆にそこで時間が刻々にたって行くのを自分の息遣いとともに感じる時に我々はそこにいる。それには学識も不可欠の条件でなくて我々は今日の感覚からすれば異様な形をした石の獅子に惹かれてそこに時間が流れ始めることから殷の時代が実在することを知る」という具合である。すなわち、現在の想像力によって、歴史的世界に没入することによって初めて時間が流れだし、自分もそこにいると言うのである。

いかにも文芸評論家らしい発想だが、個人的な読書体験や芸術体験と、歴史上の時間認識や実生活での時間認識とを同質としているために、B系列の歴史的事件を扱っているにも拘わらず無時間的に捉え、「時間は何の為にあるのでもなくてただあるので時間が含む一切のものも何の為にあるものなのでもない」として、歴史的時間の意味を見落としてしまうのである。読書に関して言っていることは、エマソンやボルヘスの発言とほとんど変わらないが、吉田はそれを歴史的事件や現在の文明批評にも広げ、世間で「時間がない」という時代状況にまで言及する。読書における「世界の甦り」の体験とは、内的な時間であって、言い換えれば、一冊の本が世界に匹敵すると思われる読書における時間の実在感を、社会的共通時間として捉えるべき時代状況の「時間がない」という時間の実在感に対比させ、文明批評をするのである。「それには学識も不可欠の条件でなくて我々は今日の感覚からすれば異様な形をした石の獅子に惹かれてそこに時間が流れ始める」というのであるが、「ワイルドがビアズレイの絵を評して今自分は頽廃期のロオマにいる」と言えるのは、ワイルドの中では客観的時間として頽廃期のローマがすでに位置づけられているからなのである。殷の異様な形の石の獅子を見る者は、あらかじめ殷の時代の石像と知っているから歴史という時間の流れを追体験できるのである。読書体験や芸術鑑賞に限定された時間体験であれば、現在の意識体験をすることで十分であるけれども、歴史的事実や回想などにおいては、過ぎ去ったものを「今の意識」に関わらせて想起することが必要で、そこには、過去把持から構成される客観的時間が介在しているのである。言ってみれば、読書体験においては、時間は、その作品の中にいわば内的時間として主観的に完結して存在するのであり、無限に流れると考えられる客観的共通時間は存在しないのである。しかも、吉田は、今の意識をそのまま表わすことが時間を捉えることと考えているようで、今の意識の流れを追うような切れ目のない長いセンテンスで綴っているが、そうした文章によって時間を捉えられるものでもないのである。

この問題に関して、マクタガートは、現実のB系列の順序関係と「架空の物語の中の時間」とをはっきりと区別している。つまり、物語体験と歴史体験を区別しているのである。マクタガートは、架空の話の例として、『ドン・キホーテ』を取りあげているが、セルバンテスがその冒険譚を書くという出来事であれば過去のことであるが、そこに書かれた出来事（ドン・キホーテの冒険譚）については、未来のことでも、現在のことでも、過去のことでもないというのである。しかし、物語の中では、「ガレー船を漕ぐ囚人たちの冒険」は「風車の冒険」の後に起こり、数々の冒険は順序立てて描かれているので、B系列の時間は存在するといえる。この冒険物語の時間は、読者がドン・キホーテを読むときに流れだすといえるもので、吉田健一のいう時間と同じものなのである。

そして、この「架空の物語の中の時間」（読書という体験ではなく、ストーリーのこと）は、われわれの「感覚与件」が「意識の志向性」によって継起的に秩序づけられた時間とは異なったところのものであるから、現実には、あるともないとも言えないのである。ただ、架空の出来事の時間的羅列ともいえるB系列に、現在という視点から時間を関連づけるA系列が組み込まれることで物語が成り立つとすれば、その「架空の物語の中の時間」は、物語の中に身を置くことによってはじめて生きてくるといえるのである。

ボルヘスやエマソンが言う読書体験とは、この内的時間であり、純粋な継続として内的に完結しているだけ、時間の本質に触れるということであろう。言い換えれば、マクタガート言うところの時間の本質であるA系列の内的時間を、読書や芸術においては直接体験できると言うことである。

時間の〝結婚〟——澁澤龍彦と幻想小説

そうした「架空の物語の中の時間」でも、澁澤龍彦の小説には、時間が複雑に絡み合って展開するものが少なくなく、その時間の切り変わりの意外性に面白さがあるといえる。第二章で触れた『三つの髑髏』もそうであるが、『ねむり姫』や『ぼろんじ』という作品も、時間がその幻想性に大きくかかわっているのである。

たとえば、『ねむり姫』や『ぼろんじ』の時間は、ボルヘスの『八岐の園』の時間さながらに網目状に流れるが、ボルヘスの作品のように、時間がテーマなのではない。二人の登場人物の時間が出会い、別れ、再合流して、糾《あざな》われる縄のように物語が展開するのである。時間のなかにいる者たちは時間が出会うことで、あるときは相手を眺め、またあるときは眺められ、見る者と見られる者とが、踊り戯れるように入れ替わりつつ展開するのである。

そのひとつ、『ねむり姫』の綺譚は、後白河法皇院政のころ、京のある中納言家に珠名《たまな》姫という美貌の娘が生まれたことから始まる。珠名姫が生まれるとすぐに母は他界し、やがて、その屋敷に腹違いの三歳年上のつむじ丸という少年がひきとられて一緒に暮らす。

珠名姫はひとり遊びが好きで部屋に閉じこもっているが、つむじ丸のほうは傀儡子《くぐつし》や白拍《しらびょう》子《し》といったアウトローと放蕩濫行に日を送る。老いた父の中納言が屋敷内に阿弥陀堂を建てると、珠名姫は阿弥陀堂に飾られた来迎図を眺めるのが楽しみとなる。ある日、来迎図の中につむじ丸そっくりの天童を見て笑った姫の耳もとで、「や、姫が笑った。姫が笑ったぞ」という声が聞こえたような気がしたが、誰がいるわけでもなかった。

やがて、珠名姫は、十四歳の裳着の式の後、突然、原因不明の昏睡状態に陥ってしまう。僧侶たちの加持祈禱も陰陽家の千度祓の修法も効果はなく、叡山の上人の発案で、輿の上に姫の柩をのせ、雑色たちに担がせて洛中洛外の寺々を巡行したが何年たっても効果はない。

あるとき、その珠名姫の一行を中納言家から姿を消していたつむじ丸が襲って、姫を奪ってしまう。中納言の別邸から原因不明の火が出て以来、行方をくらましていたつむじ丸は天竺童子を名乗って盗賊の首領となっていたのである。珠名姫を奪ったつむじ丸は、伊予へと連れて行き、曼荼羅堂と娑婆堂という掘立小屋のようなものを建て、その間を来迎橋という橋でつないで、眠りつづける珠名姫の柩を渡らせ、迎講を演出する。「みなのもの、心をしずめて姫を見られよ。このもの、気絶えてより数年をへたりといえども、身は爛壊せず、存生の時のごとし。これ、つねに極楽を願いて弥陀仏を念じたるたまものならんか」と、馬上のつむじ丸が口上を述べ、観音に扮した仲間の男が柩の中の姫に紫金蓮台を恭しく差し出すと、意識のないはずの珠名姫が目を閉じたまま笑ったのである。つむじ丸は、演出も忘れ、「や、姫が笑った。姫が笑ったぞ」と口走った。

そのとき昏睡のなかで珠名姫は、父中納言の阿弥陀堂で物思いに耽っていたのである。飾られた来迎図を眺めているうちに、自分が来迎図の中にいて、菩薩が蓮台を差し出しているような気がして笑ったのである。

この姫の笑いは観客の間に異様な感激をもたらし、浄財のあるかぎりをつくして救いを求める者も現れた。病の治癒を願う者、目しい、耳しいが押し寄せてきたが、不思議と病は治癒し、目が見え、耳が聞こえるようになったという。迎講はしばしば催され、つむじ丸はすっかり教祖にまつりあげられていた。だが、伊予一帯で勢力を築いたつむじ丸の一味は、不逞の輩として捕縛されてしまう。

つむじ丸の捕縛と時期を同じくして、珠名姫の入った柩がかつて略奪された場所で発見される。すでに父の中納言はなく、姫は宇治川のほとりの中納言の菩提寺に安置されたが、時が経つうちに、その寺ではうら若い女人が夜な夜な起きだして常行三昧の若い僧のところへ忍んでいくという噂が立つようになった。寺としても迷惑だが、生きている女人をそのまま埋めるわけにはいかず、小舟に乗せてひそかに宇治川に流したのだった。

そのころ、つむじ丸は、行者となって、桂川と宇治川と木津川が合流する山崎辺りに庵を構えていた。すでに八十歳に手のとどきそうな老人だが、宇治川から汲んでこさせた水を庵に撒いて最後の水想観を実践する。水想観とは、『大辞林』によれば、「観無量寿経に説かれる、十六観の第二。清らかな水とすき通った氷を観じて、極楽の大地を思うもの」とあるが、老人はまず足が水となってとけだし、腰、胸と水になり、最後は水だけが庵にいっぱいになった。こうして純粋意識となったつむじ丸は、やがて遠くから近づいてくる紡錘のようなものを発見する。それがどんどん近づいてくると、それは小さな舟で、珠名姫が乗っていたのである。それに気づいたつむじ丸は泣きに泣いて庵中に水があふれるが、翌日、庵を訪れた者は、誰もいない庵に小さな紡錘が転がっているのを発見しただけだった。……

このように、『ねむり姫』の中の時間は、中納言邸の阿弥陀堂と迎講で姫が笑った時間が合流し、つむじ丸の捕縛と姫の解放で分岐し、最後の水想観ではつむじ丸と姫とは一体になって消滅してしまうのである。この分岐し、収斂し、並行する時間の網の目は、アラベスクさながら、廃園の蔓草のようであり、ラファエル前派の「眠れる美女」の日本版といった趣がある。また、同時に男性原理と女性原理のエロティシズムで彩られ、最後の水想観の場面には、両者の婚姻、あるいは、両性具有願望が表われているといえる。

『ぼろんじ』という作品では、その両性具有願望が、さらに顕著に表われる。

幕下の侍の家に生まれた茨木智雄は一見繊弱に見えながら、腕力にも長けていたというから、若い頃のレオナルド・ダ・ヴィンチのような男とも思われる。浅草の仲見世あたりで、若い町家の娘が酔っぱらった二人の侍に絡まれているのに出くわすと、割って入ってあっという間に二人を倒してしまった。娘はぽうと頬を染め言葉もなかったが、婢が礼を述べた。

やがて戊辰戦争が起こり、旗本の智雄は身延山麓の叔父の僧のもとに身を隠す。そこで読書三昧の日を送り、江戸が東京と名をあらためて寧静に帰したころ、智雄は東京へ帰ることにした。富士川から東海道へ出る岩淵の宿に泊まり、たまたまその宿の雪隠《せっちん》の節穴を覗くと、はるか遠くに東海道を上る若侍の姿が見えた。その少年を智雄はどこかで見た覚えがあり、自分にそっくりだと思った。

その若侍のほうは、ずっと誰かに見られているような気がしてならなかった。街道筋の茶屋に腰を下ろすと、見知らぬ虚無僧に声を掛けられ、以前世話になった弟のお礼として腰から鯉の蒔絵の印籠を外して渡される。何か面倒があったらこの印籠を見せれば道中は息災だという。そして、熱海に行くように言われた。その後、たしかに、その印籠は効果覿面、胡麻の蠅、雲助、泥棒が旅の便宜を図ってくれた。

言われたように若侍は、熱海に寄って風呂に入った。この侍はかつて仲見世で智雄に助けられた町家の娘だったのである。その娘お馨《けい》が、夢の中に宝剣を手にして現れた観世音菩薩から、「なんじ、不遇の身を悲しみて、われを頼むこと不憫なり。ついてはわれ、この剣をなんじにあたうるによって、すみやかに呑みくだして善男子となれ」と剣を呑みこむように命じられ、剣を呑むと男になった気がした。こうして、お馨は若侍に姿を変えて智雄がいる東京へ向かっていたのである。侍の姿はしていても、女である。誰にも気づかれないように風呂に入ったが、お馨はそこでも誰からか見られている気がするのだった。……

一方、東京へ帰る途中の智雄は、胃痛に悩まされて熱海の湯に入ろうと温泉宿の上がり框に腰を下ろすと、宿の女が「お客さん、どちらに行っていらっしゃいました」と声をかけられた。狐につままれたような気持ちでいると、宿の女は、湯に入りに行ったまま姿が見えなくなったので探していたのだといって、「岩風呂に、これをお忘れになったようで」と鯉の蒔絵の印籠を渡した。

合点がいかなかったが、智雄はどうとでもなれという気持ちで立ち上がって岩風呂に向った。勢いよく湯に入ると、あたかも剣が鞘に戻ったように、自分のからだが何かにやんわりとつつまれたような気がした。何ものかの影が智雄を待っていて、その影の中に自分のからだが没入して一体になったような感じであった。智雄は自分が二つに分かれ、離れ離れになったかと思うと、すぐまた合体したかのような感じを覚えたのである。

この結末で、智雄とお馨の二人は男性原理と女性原理を融合させて両性具有を実現させるのであり、二つに分かれたドッペルゲンガーが一個に収斂するのである。時間は東海道を上る方向に流れながら、登場人物はリレーの走者のようにバトン（宝剣と印籠）を手渡しながら時間を編んでゆく。そして、男性原理と女性原理の完全な融合が熱海の温泉においてなされるのである。ということは、つむじ丸の水想観においてもそうであるが、この融合には、ミヒャエル・マイヤーが『逃げるアタランテ』の寓意画ＸＸＸⅣで「温泉の内に受胎して大気中に生まれ、真に赤くされて彼は水上を歩む」と言っているように水が不可欠ということでもあろうか。

ミヒャエル・マイヤー『逃げるアタランテ』図XXXIV。この錬金術書の象徴図は、水を媒介にした男性原理と女性原理の融合を表わしているのだろうか。

澁澤の作品の時間は、このように登場人物が出会い、別れ、再合流して流れるが、ボルヘスの『八岐の園』と違うのは、合流した時間で主人公が相手と対面することはないことである。『ねむり姫』の場合には、対面しているように見えるが、一方は昏睡の中にいる。『ぼろんじ』では、一度浅草で会っただけで、その後、会うことはなく、お互いの時間がお互いの時間を覗見するように交わるのである。岩淵宿の雪隠の節穴をあげるまでもなく、澁澤の作品では、視覚の持つ意味が重要な役割を果たしている。アンリ・バルビュスの『地獄』の主人公は、ホテルの壁の穴から隣室を覗いて、「ぼくはあの部屋を支配し、わがものとしているのだ……ぼくの視線はあそこにはいり、ぼくはあそこにいるようなものだ。あそこにいるものは、みんな、それと知らずに、ぼくと生活をともにすることになる」と言っているが、澁澤にも見ることへのこだわりがあり、それが澁澤の世界のエロティシズムを成り立たせているのである。澁澤の文学の根底には、スイスの精神病理学者メダルト・ボスが「彼の眼はまるで催眠術にかけられたようであった」と言ったところの覗見症的視覚が秘密を覗く少年の眼のように輝いている。そこでは、単に覗くというよりも、「オランダ渡来の遠眼鏡でものぞいたときのように」視覚能力が増幅され、対象物が宝石のように輝いてくるのである。ウェルズの短編小説『水晶の卵』も、水晶のような謎の物体を骨董商ケイブが覗くと、火星の様子が見えたことから、その水晶玉は火星人が地球に送り込んだ一種の宇宙探査機ではなかったかと想像する話であるが、思わず、その「水晶の卵」を想起してしまうほど、『ぼろんじ』の岩淵の宿の雪隠の節穴は見ることの魅力を感じさせるのである。

そう言えば、澁澤が、骨董商のケイブ同様、大のオブジェ好きだったことも忘れてはなるまい。というより、澁澤のエッセイの多くは、オブジェ礼讃とその博物学であると言っても過言ではないくらいなのである。

ところで、澁澤自身は時間をどう考えていたのだろうかと、『時間のパラドックスについて』を読み返してみると、冒頭から、トマス・ブラウンの『壺葬論《ヒュドリオタフィア》』がとりあげられ、骨壺の中の副葬品の話が展開される。一瞬、時間についてのエッセイの筈ではなかったかと戸惑いつつ読み進めると、「古代人には、彼らが得意としたもの、彼らが好んで愛用していたものを、彼らと一緒に焼いたり埋めたりする習慣があった。プロペルティウスの恋人キンティアが火葬後、幽霊になって詩人の前に現われたとき、その指に緑柱石の指環をはめていたという事実によっても、このことは確かめられる。また、ファルネーゼ枢機卿の所蔵している古代ローマの骨壺の中身によっても、このことは明らかになるであろう。神や女神の頭部を模した多くの宝石のほかに、その骨壺からは瑪瑙《めのう》の猿、蝗《いなご》、琥珀《こはく》の象、水晶の球、三個の鏡、二個のスプーン、それに六個の水晶の胡桃が見つかっているのだ」と引用したのち、澁澤は、トマス・ブラウンには時間の腐蝕作用によく耐える硬い物質に対する愛好心があったと述べ、それにつづいて、「わが国でも古代においては、その呪力を認められて、あれほど深い尊崇の対象となっていた宝石や玉が、どうして奈良時代以降、その加工技術も衰微して、急速に文化の歴史の表面から消えて行ったのだろうか」と疑問を呈する。そして、自身の硬い物への愛好を吐露するように、わが国では、湿潤的風土のために、「時間の腐蝕作用に抵

ペリエ『時の牙を免れた百体のローマの彫刻』の扉（銅版画）、1638年。時間はつねに破壊者であり、文明とは「時間の腐蝕作用」に抵抗しようとする人間の試みなのかもしれない。

抗しようという、形而上学的志向に欠けるところがあったため」に違いないと結論づけるのである。つまり、この「時間の腐蝕作用」への対応が、人生のあらゆる可能性を体験し、悪魔をも凌駕する無限追求を企図する西欧のファウストとは異なり、東洋においては自らを石に化する神仙思想となったというのである。そして、「歴史の圧迫を逃れるために設定されたフィクショナルな空間が、仙郷あるいはユートピアなるイメージだとすれば、時間の腐蝕作用に抵抗する物質として考えられた石という観念も、明らかに前者と等価のものでなければならぬであろう」とするのである。

ここに、澁澤のオブジェ嗜好の理由を見た思いがするが、「時間の腐蝕作用」に対する澁澤の抵抗は、実は、もう少し複雑なのである。泉鏡花の『草迷宮』を論じた『ランプの廻転』を読むと、時間の迷宮ともいうべき三重構造の時間を分析するなかで、これこそが澁澤の「時間の腐蝕作用」への対処法ではないかといえるものに突き当たるからである。

『ランプの廻転』の中で、澁澤は、鏡花の『草迷宮』の粗筋をこう要約する。

「物語の主人公ともいうべき人物は、子供のころ、今は亡き母から聞いた手毬唄の文句を、ふたたび聞きたいという夢のような熱望に駆られて、日本全国を行脚している青年、葉越明《はごしあきら》である。明はたまたま、三浦半島の葉山に近い秋谷海岸にきて、川に浮かぶ手毬を発見し、あるいは手毬の持主に会えるのではないかという期待のもとに、そのまま秋谷の資産家の空き別荘、いわゆる秋谷屋敷に逗留することになる。この秋谷屋敷で、彼はあたかも『稲生物怪録』の平太郎少年が経験したような、化けものの執拗な来襲を受けねばならなくなるのである」。そして、「この小説では、三つの時間が三重構造になって、空間的に投影すれば同心円状に積み重なり、その同心円の中心に秋谷屋敷という、いわば迷宮の中心たる至聖所（あるいは魔の住処）が配置されているような按配なのである」という。

その三つの時間を具体的に言えば、第一の時間は、秋谷海岸の前史ともいう過去の物語。第二の時間は、秋谷屋敷に同宿した小次郎法師を相手に主人公の明が語る、彼自身の幼年期の物語。明は亡き母から教わった手毬唄の文句を知っている人を捜しているが、最後に残った可能性のある人はかつて幼い自分が遊んでもらった近所の美しい娘で、神隠しに遭ったという菖蒲《あやめ》という女だという話。そして、第三の時間は、小次郎法師と明が泊まっている秋谷屋敷、すなわち、連夜のように化けものが来襲して、泊まっている明を攻め立てている現在という時間である。

この化けもの屋敷で、主人公の葉越明は、豪毅というのではないが、何事にも無関心で自由に振る舞う天性の素質によって、化けものにも関心を示さないために、相手のほうが根負けして退散する。最後に魔界の権力者が登場するが、このあたりは『稲生物怪録』と同様で、この魔人も去って、そのあとに魔族に守護されている高貴な女人が現れる。しかし、このとき、主人公の明は昏々と眠ってしまっていて、魔人や女人に応対するのは同宿していた小次郎法師なのである。つまり、一般の妖怪譚と異なって、主人公が妖怪を退治したり、胆力を示したりするのではなく、妖怪との最後の対決を回避し、相手の顔を見ないまま終わるのである。

この魔界の美女は、明の寝顔を見ながら、「お最愛《いと》しい、沢山《たんと》お窶《やつ》れ遊ばした。罪も報《むくい》もない方《かた》が、こんなに艱難辛苦《かんなんしんく》して、命に懸けても唄が聞きたいとおつしやるのも、母《おつか》さんの恋しさゆゑ。／其の唄を聞かう〳〵と、お思ひなさいます心から、此頃では身も世も忘れて、まあ、私を懐しがつて。迷つて恋におなりなすつた。其の唄は稚《をさな》い時、此の方の母《おつか》さんから、口移しに教はつて、私は今も、覚えて居る」と言うことから判断すると、神隠しに遭ったという娘のようでもあるが、あるいは明が川で拾った手毬を流した女かもしれないし、秋谷屋敷に妖怪変化をさしつかわした張本人かもしれず、言ってみれば、母としての女の原型なのである。つまり、秋谷屋敷の過去、明の過去、そして現在という三つの時間が同心円状に重なり、化けもの屋敷である秋谷屋敷の現在に向かって収斂していくのが、この小説の迷宮の構造であるが、何より特徴的なことは、主人公はこの迷宮からいっこうに抜け出そうとしていないことなのである。

澁澤は、「明というテーセウスは奇妙なテーセウスで、甘んじて試練を受けたはよいが、ミノタウロスを殺そうともせず、アリアドネーと手をたずさえてナクソス島へ遁走しようともしない。あろうことか、幕切れには眠りこんでしまうので、そもそも迷宮から脱出する意志がまるでないのである」と述べ、「秋谷屋敷という一つの迷宮世界、一つの魔圏が、主人公たる明の退行の夢の世界でしかなかった、ということであろう」と結論づけている。つまり、小説『草迷宮』の時間構造は、迷宮の螺旋構造と対応しているはずで、時間が何重構造にもなっているものの、最後には中心の円に吸収されてしまう無時間の夢として捉えられているということである。そして、この螺旋構造の時間とは、循環する時間であり、「同じことを何度も繰り返すということは、とりも直さず、時間を廃棄したいという願望にほかならぬ」というのである。

たしかに、澁澤ならではの分析ではあるが、ふと考えると、トマス・ブラウンのオブジェ嗜好についても、『草迷宮』に見られる無時間への退行願望についても、澁澤自身のことを語っているように思われてくるのである。たとえば、「時間の腐蝕作用によく耐える硬い物質に対する、ブラウンの変ることなき愛好心」とはオブジェに魅かれる澁澤自身であり、螺旋構造をなす繰り返しの時間とは、本書第二章ですでに述べたように『三つの髑髏』に描かれた時間とは言えないだろうか。あるいは、魔界の権力者や美女と対決しない奇妙なテーセウス・葉越明とは、『ねむり姫』の珠名姫であり、明のアルテル・エゴとも言える小次郎法師とは、つむじ丸ではないだろうか。鏡花の『草迷宮』のラストには、深い眠りに落ちこんでいる明の目の前で魔界の美女が腰元たちと手毬をついて見せる光景を見ながら、小次郎法師が、今眠っている明もこの光景を見ているのではないかと考える場面が描かれているが、これは、まさに、行者となったつむじ丸が小舟に乗って流れてくる珠名姫を水想観で迎え入れる桃源郷と言えるのではないだろうか。そして、また、岩淵の宿の雪隠の節穴から侍姿のお馨を覗いていた茨木智雄が、熱海の温泉で、剣が鞘に戻ったように、自分のからだが何かにやんわりとつつまれたような気がした瞬間なのではないだろうか。

『ランプの廻転』の結びに、澁澤は、エリアーデの提唱した「中心のシンボリズム」と関連させて、「独楽であれ、ランプであれ、炭取であれ、迷宮であれ、およそすべての物体の廻転運動は、中心軸を抜きにしては考えられないからである。そして、さらに私の独断をつけ加えるならば、この廻転と中心軸の愛好のうちにこそ、精神の健康を保つ秘密があるにちがいない」と述べているが、これは、三島由紀夫が『小説とは何か』の中で、柳田國男の『遠野物語』の「炭取の廻転」に小説のリアリティーの力を見ると述べているのに対して、リアリティーの力は、柳田の筆力であり、『草迷宮』で「ランプの廻転」をさせた鏡花の筆力であり、三島はフィクショナルな世界と現実とを混同しているというのである。わが国のような湿潤的風土においては、「時間の腐蝕作用」に対してひたすら硬い物質として抵抗するのではなく、熱海の温泉水や水想観の宇治川の水のように流動的でありながら、『ぼろんじ』のお馨が飲みこんだ「剣」や『ねむり姫』のつむじ丸のつむじのような確固たる中心軸をもって廻転する精神に健康を見るべきだということであろう。それというのも、澁澤にとって、ユートピアとは、自分を守る硬い鎧のような思想ではなく、三島のように筋肉と思想で鎧うことではなく、「一本の軸を中心に回転する機械の世界」（『ユートピアとしての時計』）だからであろう。

H・G・ウェルズの『タイム・マシン』

われわれが一般にいう時間とは、「感覚与件」が「意識の志向性」によって継起的に秩序づけられて現出する「内的時間」を、「客観的時間」として「統握」する際に、外的事物に仮託して構成された公共的共通時間のことであり、マクタガートふうに言えば、A系列の時間とB系列の時間との組み合わせといえる。

その場合に、われわれは、例えば二〇一三年二月二十八日とされる「現在」しか生きられないのだが、かりに一八六七（慶応三）年を現在として身をおけば坂本龍馬と話もできる。一五七五（天正三）年に身をおけば、織田信長の料理を作ることもできる。一五七二年のパリに身をおけば、カテリーナ・メディチの手下に命を狙われるかもしれない。つまり、「現在」しか存在しないはずの時間を、事件の羅列として空間化して考え、その過去の一時期を「現在」として想像することもできるし、未だない紀元八十万二七〇一年の「現在」にいることも想像では可能だということである。

H・G・ウェルズが、架空の物語として時間を扱った『タイム・マシン』ほど、後の物語に影響を与えたものはないであろうが、それは、時間を扱った最初の作品であり、時間の捉え難さをうまく生かしているからである。

その中で、ウェルズは、時間飛行の成り立つ原理としての四次元幾何学を、主人公にこう説明させている。

「数学でいう直線、幅のない直線というのは実際には存在しないということは君たちだってもちろん知っているだろう。学校で習ったはずだね？　数学的平面も同じ。そういったものは単に抽象にすぎないのさ」

「そのとおり」と心理学者が言った。

「縦、横、高さしかない立方体も実在しないのさ」

「それはおかしい」とフィルビーが口をはさんだ。「立方体は存在するし、すべての実在するものは……」

「常識的には君の言うとおり。でもね、瞬間的な立方体というのはあるだろうか？」

「君の言っていることはわからないな」とフィルビーが言った。

「僕の言うのはね、時間的に持続しないような立方体が実在するか、ということさ」

フィルビーは考え込んだ。時間飛行家《タイム・トラヴェラー》は先を続けた。

「存在する物体は四つの次元、すなわち、縦、横、高さ、そして持続の次元で延長《エクステンション》をもっていることは明らかだね。しかし、人間本来の弱さのせいで――それについてはすぐ説明するつもりだ――ぼくらはこの最後の持続のことを見過ごす傾向がある。四つの次元があって、そのうちの三つを空間の次元、最後のひとつを時間の次元と呼んでいるが、ぼくらは空間の次元と時間の次元との間に非現実的な区別をしがちだ。それはつまり、ぼくらの意識が生まれてから死ぬまで、時間という次元にそって断続的に一方向にのみ動いているからなんだ」

（『タイム・マシン』）


このウェルズの時間飛行という発想は、アメリカの天文学者サイモン・ニューカムによって四次元幾何学を知ったことによると言われているが、何より忘れてならないのは、魔術や奇跡譚としてではなく、科学的思考として時間飛行を基礎づけようとしたことである。そのため、一見、ヘルマン・ミンコフスキーの四次元連続体の説明と思われる論理が、ここでは架空の時間飛行を成り立たせるための根拠となり、第四の次元とされた時間は空間の三次元と感覚的な意味で同等とされ、往復可能とされているのである。

こうして、時間を自由に移動できるようになった時間飛行家は、紀元八十万二七〇一年の未来に時間飛行をする。その未来の地球とは、地上に棲むエロイと地下に棲むモーロックが対立し、獰猛な肉食のモーロックは繊細で友好的なエロイを牛のように放牧して餌としている世界であった。未来社会の状況に戸惑いながらも、飛行家は、自分に優しくしてくれたエロイの女性を助けようとしてモーロックの襲撃を受け、危ういところをタイム・マシンで脱出する。彼の手にあったのはエロイの女性から手渡された八十万年未来の花であった。

このウェルズの『タイム・マシン』に見られる未来社会像は、その後のほとんどのＳＦ小説・映画に踏襲されていると言っても過言ではなく、後々の未来小説に大きな影響を与えている。フランスの小説家ピエール・ブールの『猿の惑星』は映画化されて大ヒットしたが、猿が人間を支配する惑星とは核戦争後の未来の地球のことであり、猿とはモーロックのヴァリエーション以外のなにものでもない。そこには、ウェルズが抱いていた人類の未来への暗い予感、人間は自ら築いた機械文明の暴走から破滅に直面しているという文明観が、色濃く影を落としているのである。

こうしたウェルズの作品について、ウェルズ自身は、「同時代のゴールズワージィやベネットの作品が持つ風俗描写の正確さに欠け、またモームの『アシェンデン』のような作品や当時の若いアメリカ作家の持つ一種の悲痛な永遠性を与えるあの容赦ない率直性にも欠ける」傾向があり、「文学的なものを書いたけれど、芸術家というよりむしろ多分に科学者であった」と述べている。つまり、近代小説が人間の心理や性格に肉薄し、正確な風俗描写を企図したのに対し、ウェルズは、近代の自我という観念自体を疑い、統一的人格や人間性というものは幻覚にすぎないと考えていたために、近代小説の枠内に収まりきらず、テルトゥリアヌスの「我は人間なれば、人間に関する何事も我に無関係ならざるはなしと思う」という箴言そのままに、すべての学問分野に関わったのである。後年のウェルズは社会学的観察者の役割に甘んじることになってしまうのだが、それ以前は、コンラッドが「ウェルズ君、我々の相違は基本的なところにあるようだ。君は人間性に関心がないのに人間は進歩すると考えている。ところが私は人間を愛するけれど、人間性は変わらないと考えている」と書いているように、現在の人間性よりも、科学的機械や薬剤、実験道具やがらくた同然のオブジェに惹かれ、人間そのものを実験対象とする思考実験を物語にすることを好んだのである。ただ、それは、ジュール・ヴェルヌのようにありそうな冒険科学小説を書くのではなく、ありそうもないけれども、人間の運命や欲望に内在する現象を象徴する思考実験の科学物語なのである。

『タイム・マシン』は、或る時代を選んで好きな時代に移動できる想像力そのものを時間飛行という形を借りて作品にしたものであるが、『新加速剤』という作品は、ありそうもないけれども人間の欲望に内在する現象を象徴する科学的薬剤を描いたものである。この作品も、おそらく、相対論的発想を同根として生まれたもので、光速のような高速運動が人間にとっていかなる意味を持つかを作品にしたものといえるであろう。別の言い方をすれば、カーライルの言うように、「時間という衣裳」を脱ぎすてたいという人間に内在する欲望を作品に描いたものと思われる。

物語は、その新薬剤を服用すれば、他人の千倍も素早く活動できるようになるという万能刺激剤が発明されたことから始まる。人間の行動、生理、細胞活動のすべてが通常の千倍、二千倍の速度で行われるので、たとえば、窮地に陥った政治家が緊急に事務処理をしなければならないとき、医者が瀕死の患者に十分診察時間をかけたいとき、弁護士がつめこみ勉強をしたいとき、フェンシングや決闘のとき、抜群の効果を発揮するというのである。

この薬の発明者のジバーン教授は、主人公に、服用に際しての注意を、「飲んだらすぐ、まず眼を閉じること、そして一分経ってからゆっくり開けることを忘れてはいけない。それでも眼は見えるはずだ。視覚は振動の長さが問題なんで、衝撃の大きさは問題じゃない。しかしどちらにしろ、眼を開けていると網膜に一種のショックを感じるだろうから、閉じておいたほうがいい」と述べる。「次に大事なのはじっとしていることさ。あたりの物を叩いたりしちゃいけない。そんなことをすれば、力まかせに叩くのと同じになる。なにしろ数千倍の速さで、君の心臓やら肺、筋肉や脳が働いているんだから。君自身には感じられないが、要するに数千倍の力がでているわけなんだ。外界の方が逆に以前の千分の一のスピードでゆっくり動いているように感じる……そこが奇妙なところさ」と。

そして、主人公がゆっくり眼を開けると、窓のカーテンの端が微風に吹きあげられたまま凍りついたように停止している。握っていたグラスを放しても、グラスは落ちてわれるどころか中空に停止したままである。促進剤の効果で身体の機能がものすごい速さで働いているために、周囲の変化がじつにゆっくりと見えるのである。

ジバーン教授が外へ出ようと誘うと、主人公は、「じろじろ見られるでしょうね」と少し不安げに訊ねる。すると、教授は、「いや、ほかの人には見えないのだ。どんな素早い奇術よりも千倍は速いスピードで動いているのだからね」と、まったく問題にしていない。

実際、外へ出てもその動きが速いために、彼らの姿は誰の眼にもとまらないのである。ウェルズの別の作品の『透明人間』のようである。それとは反対に、人びとは蠟人形のように動かず、馬車や自転車も動いていないように見える。遊園地で楽団が演奏している音楽は間延びして、曲の体をなしていない。日頃口やかましい老女に出会っても、相手はこちらを見えないのである。それを幸いに悪戯をして走り出すと、誰にも全く気づかれないが、洋服が大気圏に突入した隕石のように空気との摩擦で燃えだしはじめる。

そして、老女からだいぶ離れたところで休息すると、薬が切れて、まるで四次元から三次元空間に現れたように、人びとの前に突然姿を現すのである。姿が見えるようになったら、その現れ方に人びとが驚くだろうと懸念したが、突然姿を現した二人に気づいた者は誰もいない。異次元の世界からこの世界に出現するような現れ方は、『透明人間』が姿を現すときもまるで同じである。『透明人間』でも、『タイム・マシン』や『新加速剤』と同じように、ウェルズは、時間や社会の狭隘さに捕らわれた世界から何とか逃げ出したいと思っている人間、そして、その願望を実現した人間のこの世界への復帰を描いているが、こうしたウェルズの作品のリアリティーを支えているのは、ありえないけれども人間の欲望に内在することを思考実験的に作り上げようとする想像力なのである。

ボルヘスが、「ケベードのように、ヴォルテールのように、ゲーテのように、ウェルズは一文学者であるよりは一個の文学であった。……凄絶奇怪な物語――『タイム・マシン』、『モロー博士の島』『月世界最初の人間』――ほどわたしを喜ばせたものはない」と言っているのも、おそらくその点であろう。

そして、この『タイム・マシン』の面白さは、文学における時間の概念を変えてしまったと言っても言い過ぎではないのである。

時間フィルムの巻き戻し

ＳＦ的と言えば、星に憑かれた稲垣足穂もまた独特の〝宇宙文学〟を生みだしている。『一千一秒物語』に代表されるようなファンタスティックな作品もあれば、『宇宙論入門』『僕の〝ユリーカ〟』『遠方では時計が遅れる』などのような極めて科学的な「宇宙論」もある。こうした稲垣足穂の文学を概括して、澁澤龍彥は、「メカニックとエロティックとの共存」プラス「破局のポエジー」としているが、その際の「破局のポエジー」とは、悲壮感を差し引いた「ノスタルジア」と言うべきものであると但書をつけている。まさに至言である。

というのも、足穂の「宇宙論」は、一般的な文学の読者にしてみると、いささか入りにくい印象はあるが、これもまた、「破局のポエジー」のヴァリエーションと言って間違いないからである。たとえば、足穂が、「ホイルばりの「定常宇宙」に拠ると宇宙起源の難問は避けられます。且つ滅亡から宇宙を救い出すことも可能です。しかしそれは永劫輪廻の悪夢の中に宇宙を見捨てることになるのではありませんか?」といって、ロバチェフスキー空間やド・ジッター宇宙の面白さを語るとき、あるいは、「京大天文学科助手の佐々木哲夫氏は、長いあいだ迷子になっていたフィンレー彗星の帰来をいち早くキャッチして、日本最初の彗星発見者としてその名を「フィンレー=ササキ彗星」の上にとどめましたが、当人はその翌年に亡くなっています。同じ京大天文台の中村要氏は、名観測家で且つ天体写真のヴェテランでしたが、ある夜何を思ったのか自ら縊れてしまいました。いつだったかマレー方面に出張した日本の日蝕観測隊は理想的な写真を撮りましたが、次回の皆既日蝕の折には、先の一行中での残存者は早乙女博士只一人だったように記憶しています。これは一体何事でしょう」と述べるとき、そこには紛れもなく、「旅順海戦館」のパノラマに通じる「破局のポエジー」が秘められているのである。

その稲垣足穂が、『カラマーゾフの兄弟』の一場面について、こう言っている。

男性は常に、「こうしては居られない」を胸中に持って居なければならない。『カラマーゾフ兄弟』中の一場面に、館の主人が二階の窓から広大な庭園を指し、客人に向って、「ごらんなさい。あの下男はいつもあの通りなのです」と告げる所がある。今しもひとりの下僕が林間の小径をあっちこっちと歩き廻り、時々立ち止っては胸元に片手を当てて瞑想に耽っているさまについて、注意を促したのである。客人は、「ふーん、なるほど！　あんな男が時来るとエルサレムに向って出発するんでしょうな」と答える。主人は、「あるいは風の強い夜中に放火して、全村を焼き払うか、です」客、「ひょっとすると、エルサレムへの出発と全村焼却とをいっしょにやってのけるかも知れませんよ」

全男性の心の奥には、「どこにもないエルサレム」への旅立ちの願望が潜んでいる。

（『男性における道徳』）

つまり、足穂は、「どこにもないエルサレム」への渇望には、「破局のポエジー」が潜んでいると言うのである。この「どこにもないエルサレム」への渇望とは無限への渇望と言い換えてもよいであろうが、そう考えるなら、「破局のポエジー」は、また、たとえば、ゲオルグ・カントールが、数学において無限を有限の場合と同じように確定的な数量として扱う「哲学・神学的方法」を示しながら、精神病院でその晩年の大半を送ったという悲劇的な人生にも潜んでいると言えるのではないだろうか。

そして、稲垣足穂の文学が一般のＳＦ小説と異なるのは、こうした「破局のポエジー」の上に成り立っていると同時に、ヒルベルトやハーディといった数学者のダンディズムに支えられているところである。詩人の相澤啓三は、足穂の『僕の〝ユリーカ〟』について、「真の抒情詩はついに形而上詩に他ならない」と言い、「〈詩人〉ではない一般の文学読者は、方程式や図表に出逢うと、たちまち比喩や飛躍や人の逸話の中に崩壊し、因果の地平線の虚像にまどわされ、事象の地平線の蜃気楼にとりまかれてしまい、科学の属性たる明確さとも〈詩〉が要請する明晰さとも相容れないのは当然である。これがSFならぬ〝宇宙文学〟のなりたち難さである」と述べているが、これが一般のSF小説と足穂文学の違いなのである。

この一般のSF小説と足穂〝宇宙文学〟の違いを如実に表わしているのが、「膨張宇宙論の帰結」としての宇宙の収縮に際しての時間の捉え方である。

フランスの天文学者カミーユ・フラマリオンの小説『ルーメン』では、ルーメンという超人が、ウォーテルロー会戦の日に、光速よりも早い速度で空間に向かって出発する話が書かれている。遠い天外から地上の開戦を目撃すると、撃たれた大砲の弾は硝煙とともに元の筒先へ吸い込まれ、軍隊は砂塵を立ててあとずさりしてゆく。こうして、その先、その先を眺めてゆくならば、ナポレオンもウェリントン将軍も子供になって、おしまいにはお母さんのお腹の中へはいってしまうことになるというのである。というのも、もしルーメンが宇宙船に乗っていて静止しているものとすれば、地球上から、戦場の光景が一秒間三十万キロの光速で送られてくるが、地球は光速度で去ってゆきつつあるのだから、そこから送られてくる光のフィルムはいっこうに動かない一コマだけである。このときくだんの戦場の光景は全く一箇の写真そのものに他ならず、何も彼もが不動である。けれども、地球はすでに光速よりも早く去りつつあるのだからして、すでに送ってしまったコマを少しずつ引き戻さねばならぬことになり、ルーメン自身にたいしてはフィルムの逆行となるために、ナポレオンが赤ん坊になってしまうはずだというのである。

しかし、「こんな話は少しも本当らしくない」と言うのが、稲垣足穂である。もしそうであれば、「時間が止まったならば、路上に落ちた蝙蝠の影を巾着だと間違えて手を伸ばすようなことも起こり得るが、これだって蝙蝠の方の時間は停止していても、こちらの時間は止まっていないからこそ手を伸ばすことが可能なの」だと。地球が光速より速く去る時、送り出されたコマは引き戻されなければならないというのは、時間がフィルムのコマに還元されてしまったことによるのであって少しも本当らしくはないのである。シラノ・ド・ベルジュラックが夜露や動物精気で月へ昇る話や、ジュール・ヴェルヌが書いた巨大な大砲で打ち上げられた砲弾の中に入って月の周囲を回って帰ってくる『月世界旅行』の話や、フラマリオンの『ルーメン』が見る世界は、奇想天外で面白いかもしれないが、こちらは、数学者のダンディズムに欠けていると言わんばかりなのである。

ところが、このルーメンの「フィルムの逆回転」のような「時間フィルムの巻き戻し」は、その後、膨張宇宙論の中でも主張されたのである。ル・メートルの膨張宇宙が収縮のパターンに入ったとき、収縮の過程で「時間フィルムの巻き戻し」が現れるとされたためである。つまり、ビッグバンで膨張した宇宙が膨張の限界に達した後、収縮を始めると、フィルムのコマを逆回転させるように、膨大な宇宙は一個の原子粒に戻ってしまう。ちょうど飛び込み台から飛び込んだ選手が水しぶきの中から後ろ向きに足をだし、体をだして、飛び込み台に戻ったり、壊れたコップの破片や飛沫が寄り集まって床を離れ、テーブルの上に飛び上がって元のコップに戻ってしまうように、死んだ人が墓から生き返り、老人が若返って子供になり、母親の胎内に戻り、宇宙全体が一個の点の中に収まってしまうと言うのである。

しかし、現代の宇宙論では、心理的な時間の矢は熱力学的な時間の矢で決定されている、つまり、エントロピー増加の方向を向いているとされるので、収縮宇宙であっても、エントロピーが減少しない限り、心理的な時間の矢が逆になることはないと言われる。ただ、もしかりに宇宙が時間とともにエントロピーが減少するとすれば、すなわち宇宙が秩序立てられる方向に進むものとすれば、われわれの心理の矢はどうなるのであろうか？　ホーキング博士が、われわれの記憶をコンピューターの記憶装置から推論して導いた解答は、そこに住むわれわれは、過去を憶えているが未来はわからない現在の状態とは逆に、のちに起こる未来の事象は憶えて（わかって）いても過去の事象は憶えていないということになるかもしれないというのである。

それでは、宇宙が収縮に転じたとき、エントロピーが減少し始めるとしたら、心理的な時間の矢も向きが逆になって——壊れたコップが元通りになって床からテーブルに飛び上がったように——未来を憶えていて過去を憶えていないことになるとは、どういうことだろうか？　収縮宇宙論における時間と関係はないが、ホーキング博士の言う「のちに起こる未来の事象はわかっていても過去の事象は憶えていない」状態がどんなものかを描いた小説がある。

映画『ＮＥＸＴ』の原作ともなった、フィリップ・Ｋ・ディックが描いている短編ＳＦ小説『ゴールデン・マン』は、半時間ほど先の未来が見えるミュータントのゴールデン・マンが国家機関に捕われて、その特性を分析され、安楽死させられそうな絶体絶命の状況から、未来を見る能力で脱出するという物語である。そのミュータントの能力について国家機関の上層部のメンバーは、こう話し合っている。

「彼には先が見えるんだ。これから起こることがわかるんだ。彼はなんというかな――先見することができるんだ。仮にそう呼んでおこう。未来をのぞくことができる。おそらく彼はそれを未来だと知覚してはいないんだろうが」

「そうね」アニタが考え深げに言った。「現在のように見えるんでしょう。彼の現在は範囲が広いのね。だけど彼の現在というのは前方にはあるけど、後方にはないんだわ。わたしたちの現在は過去とつながりがあるけれどね。わたしたちにとっては、過去だけが確かなことだわ。彼にとっては未来は確実なことなのよ。おそらく過去のことは記憶にないのね。けものがどれもこれまでのことは覚えてないのと同じよ」

この密閉され、完全武装した男たちの要塞から、ゴールデン・マンは警備の隙をついて脱出を試みるのである。

彼はがらんとした通路に出た。人っ子ひとりいない。別に驚きもしなかった。驚くことができないのだ。彼にはそもそもその感情が存在しない。一寸先の未来のことについてなら、物の位置、あらゆるものの位置的な関連も、彼自身の肉体のようにはっきりとわかるのである。彼にわからない唯一のことは、かつてあってそして存在しなくなったもののことだ。ぼんやりとした、おぼろげな思いだが、彼は時おり、自分が通り過ぎたあと、そのものたちはどこへ消えてしまうのかふしぎに思うことがある。（略）

彼は十分後の光景に気持ちを集中させた。立体写真のように、廊下の端の重砲が映し出された。廊下の反対側の端まで狙いをつけている。男たちはこれまで繰り返しやってきたように、慎重にドアからドアへ移動し、各部屋を再点検している。半時間後、彼らはこのクローゼットに来ている。彼らが中をのぞきこんでいる光景。もちろんその時にはもう彼はいない。その場面には彼は登場しない。彼は次の場面に移った後だ。（略）

次の場面では、彼はその出口を離れて戻った後だ。脱出はできなかった。もうひとつの場面で彼は別の出口に自分の姿を見た。数多くの金色の姿。彼が次々と先の領域を探っていくにつれて、繰り返し映し出されてくる。しかしどの出口も封鎖されている。ひとつのぼやけた場面で、彼は黒焦げになって横たわり、死んでいる自分を見た。彼は警戒線を駆け抜けて出口から出ようとしたのだった。

しかしその場面はおぼろだ。数多くある場面の中のあやふやで不明瞭な写真の一枚だ。

彼がたどるはずの確固たる道はそっちの方向へそれるはずはない。その場面の金色の影は、部屋にあるミニチュアの人形で、彼との縁は遠い。それは彼自身ではあるが、遠くかけ離れた自分だ。決して出会うことない自分だ。この場面はなかったことにして、また別の場面を調べた。

こうして、ゴールデン・マンは、未来を先見して要塞を脱出していくのだが、未来は確実なことであるのに、過去のことは記憶にないという彼の特質は、現在の宇宙が収縮段階に入ったとき、時間とともにエントロピーが減少する場合にありうるとされた現象と一致するように思われる。というのも、おそらく、時間とともにエントロピーが減少するようになった場合には、未来が秩序ある世界（例えば、人工的な概念に基づくコップが存在する世界）であり、過去は無秩序の状態であるから、時間の流れは、事物の変化（因果関係）によるのではなく、知の「我は我自らを求めたり《エディゼーサメーン・エメオーウトン》」という活動によるものとなり、プロティノスの理念の世界（秩序立てられた世界）に向って進むのと似たような論理になるといえるかもしれないからである。ただ、少々不満なのは、作者は、ゴールデン・マンが自分の黒焦げの死体を見て、そうならないように危機を回避したとしているが、未来に起ることに対して行動することと自分の死体が未来像として現れたのを回避するということは、似ているようでまったく異なったものではないかということである。タイム・スリップして過去に戻ることと、自分の存在に関わる過去の因果関係を変えることとが異なるように、未来像として自分の死体が現れたにもかかわらず、それを回避するのは、過去の因果関係を変えるのと同じくらい不合理と思えるのだが、いかがなものだろうか。

それはともかくとして、理念の世界に向かって時間が進むという論理は、かりに知の世界を秩序とするならばという前提のもとに言えることであって、実際には、エントロピーの減少する世界に人類という知が出現するとはとても考えられないのである。さらにまた、無境界条件によれば、宇宙が元の方向へと崩壊を始めたとしても、その収縮の間もエントロピーは増大しつづけ、熱力学的な時間の矢と心理的な時間の矢が逆になることはないので、過去の記憶がなくなる心配もないということである。

未来からの暴力

ＳＦ小説やＳＦ映画の中で、たとえば過去へ時間旅行をする場合に、われわれは自分の先祖に会ったり、自分の生まれる以前の事件に関わったりするので、現在の自分の成り立ちを変えてしまうということにもなりかねないと危惧するのは、当然の発想である。その因果関係をどう捉えるかは、これまでもたびたび取り上げられてきたが、こうした架空の話は時間フィルムの巻き戻しと同じで、「これだって蝙蝠の方の時間は停止していても、こちらの時間は止まっていないからこそ手を伸ばすことが可能なの」だと言えるのである。

ところが、自分が時間飛行をするのではなく、未来の社会から現在の人間を抹殺するために派遣されてきた者がいるというのであれば、ありえないことではない。そうした未来社会が存在するのか、それとも、そう言っている者が狂気なのかは別として、ありえる話である。ジェームズ・キャメロン監督作品『ターミネーター』は、そうした設定でつくられている。アーノルド・シュワルツネッガー主演で大ヒットしたため、シリーズ化され、増築に増築を重ねた旅館のように継ぎ足され、ストーリーには幾多の綻びが見られる。その綻びをどう辻褄合わせをするかも映画オタクの楽しみらしいが、とりあえず、興行成績によってシリーズ4まで続き、5も予定されているという。監督・脚本もシリーズ2までは、ジェームズ・キャメロンだったが、その後は代わっている。制作の視点も、シリーズ3からは、未来からターミネーターが送り込まれた現在が舞台ではなく、機械の反乱や核攻撃が近未来として描かれた単なるSF物語になっている。

シリーズ1の舞台は一九八四年のロサンゼルスから始まる。ここでもまた、人間は自ら築いた機械文明の暴走から破滅に直面しているというウェルズの文明観を踏襲していて、その未来社会ではコントロールを失った人工知能スカイネットが世界を支配している（と、未来から来た人物が説明する）。抵抗軍指導者であるジョン・コナーはその人工知脳に対して反撃を開始するが、それに脅威を感じたスカイネットは、未来から現代へ「ターミネーター」と呼ばれる殺人ロボット（T－800）を送り込み、ジョンの母親サラ・コナーを殺害することでジョンを歴史から抹消しようとするのである。時を同じくして、抵抗軍からも未来のジョンの部下であるカイル・リースが、サラの護衛という使命を帯びて未来から送り込まれる。映画では、こうした背景はいっさい描かれず、ターミネーターが地上に到着したところから幕が上がるので、よりスリリングである。

サラを探し出したターミネーターが彼女を抹殺する寸前で、カイルがサラを助けて逃走する。事態が飲み込めず怯えるサラに、カイルは、ターミネーターがサラを殺害するために未来から送り込まれた殺人マシーンであることや、自分は現在ではまだ生まれていないサラの息子の指示により、彼女を守るために未来からやってきたことを告げる。最初カイルを疑っていたサラも、ターミネーターから逃れるうちにカイルの話を受け入れるようになる。そして、二人は互いへの愛を抱くようになって結ばれる。しかし、ターミネーターの二人への追撃は執拗に続き、ターミネーターは、追ってきたタンクローリーごと爆破されて破壊されたかに見えたが、炎上する車の残骸の中から超合金の骨格だけで現れる。サラと共に近くの工場へ逃げ込んだカイルは、再びターミネーターを爆破してバラバラにするが、そこで力尽きてしまう。残されたサラに上半身だけとなったターミネーターが迫るが、サラは逃げながら工場のプレス機に誘導し、押し潰して逃げのびる。数カ月後、カイルとの子ジョンを宿したサラは、やがて訪れる核戦争の「審判の日」を阻止する戦いに向かうのだった。

その十年後の一九九四年がシリーズ２の舞台である。やがて起こるであろう機械が人間を攻撃する「審判の日」の話や未来から送り込まれたターミネーターの話をするサラは精神病と診断されて病院に収容され、息子のジョンは養父母の下に引き取られていた。そうしたある日、未来から再び二体のターミネーターが送り込まれる。一体の旧型ロボットＴ－８００は未来のジョン・ターナーが現在の自分自身を守るために、もう一体の新型の液体金属ロボットT－1000型はスカイネットがジョン・コナーを抹殺するために送り込んだものであった。両者はほぼ同時にジョンを発見するが、T－1000からジョンを救ったのは、かつて母を襲ったと同型のT－800だった。T－800の出現によりサラの話が真実であると知ったジョンは、T－1000の攻撃から母を守るためにT－800と共に救出に向かう。かつて殺されかけたターミネーターと瓜二つのT－800に、サラは驚愕するが、やがてこのT－800がジョンをガードするために来たことを悟る。そして、「審判の日」を阻止するには、人間に反旗を翻した「スカイネット」を誕生させなければよいと考え、人工知能開発会社の研究のすべてを破壊する。T－1000に追われたジョンたちは、製鉄所に逃げ込み、T－1000を他の金属と溶融させて消滅させる。決着がついたかに思われたが、T－800は、自分にも破壊しなければならない人工知能が内蔵されているため、自身を溶鉱炉に沈ませる。

　こうして、スカイネットの攻撃が起きるはずだった一九九七年八月二十九日は無事に過ぎ去り、「審判の日」は回避されたかに思われた。母サラ・コナーを白血病で失い、青年に成長したジョン・コナーは、無為徒食の日々を送っていた。そんなとき、またもや未来から二体のターミネーターが送り込まれてきて、シリーズ3は始まる。一体は未来のジョンとその副官たちの抹殺を目的とするターミネーターT－X。そしてもう一体は未来のジョンがT－Xからジョンたちを守るように送り込んだT－800の改良型T－850である。T－Xは、副官たちを殺害する一方でジョンの殺害を企てるが、T－850が現れてジョンを救う。スカイネットが起動するのを阻止したはずなのに再びターミネーターが現れたことに驚くジョンに、T－850は、核戦争は回避されたわけではなく、「審判の日」は延期されただけだと言う。人工知脳開発のいっさいを破壊したはずなのに、なぜそうなったかの説明もなく展開されるのだが、ジョンの未来の妻であり、反乱軍副官となる幼馴染のケイト・ブリュースターをも巻き込んだ逃避行の中で、ジョンはその「審判の日」がまさに今日であり、ケイトの父ロバート・ブリュースターが、政府高官として「スカイネット」を起動させようとしていることを知る。一行は「スカイネット」の起動を阻止すべくロバートの許へ向かうが、すでに起動スイッチは入れられ、ロバートは殺害されてしまっている。身を犠牲にしたT－850に助けられたジョンとケイトが、秘密の核シェルターに到着すると、そこには「審判の日」を阻止する設備どころか、冷戦時代の時代遅れの大型コンピューターがあるだけだった。ジョンは、T－850の本当の目的が、核攻撃からジョンとケイトを生き延びさせることだったと気づいたのだった。

そして、シリーズ4の舞台は、二〇一八年。地球は、「スカイネット」による核攻撃を受けていた。「審判の日」を生き延び、レジスタンスの部隊長となったジョン・コナーは、スカイネットが生け捕りにした人間から生体細胞を複製しようとしている事実を摑む。スカイネットは、民間潜入型ターミネーター「T－800」の開発に着手していたのだった。一方、レジスタンス司令部はスカイネット総攻撃の計画を企てていた。スカイネットによる抵抗軍指導者の暗殺を阻止するためであるが、スカイネットの暗殺リストには自分の名前と「カイル・リース」の名前があったのである。それとは話変わって、ロサンゼルス郊外の荒れはてた野原でひとりの男が目を覚ました。マーカス・ライトという名前のその男は、目を覚ます前の記憶を一切失っていた。マーカスは、そこで汎用殺人型ターミネーター「T－600」に遭遇して窮地に陥るが、孤児の少年に命を救われる。孤児で口が利けない少女スターと共に戦禍を生き延びてきたその少年は、スカイネットの最重要暗殺対象となっていたカイル・リースだった。カイルらと行動を共にすることになったマーカスは、ある晩短波ラジオでレジスタンスの決起放送を耳にする。呼びかけているのは、人々の間で「救世主」として伝説となっているジョンの声だった。カイルに抵抗軍のことを聞いたマーカスは、カイルとスターを連れてジョンの元へと急ぐのだった。

シリーズ4ともなるとストーリーもかなり杜撰で、父親のカイル・リースよりも息子のジョン・コナーのほうが年上となり、因果関係が成り立たなくなっているのだが、キリスト教の「最後の審判」にも似た「審判の日」があり、「救世主」が現れるところにアメリカ製SF映画の特徴が明確に表われている。つまり、「歴史過程が直線的に発展していると考えられている以上、われわれの歴史概念の起源は全体としてキリスト教にある」とアンナ・ハーレントが指摘した通り、SFの世界はキリスト教的時間のヴァリエーションなのである。一九八四年のロサンゼルスや一九九四年のロサンゼルス、二〇〇四年頃、そして二〇一八年が舞台として設定されているのであるが、その時間は単に直線的に羅列されているのではなく、「直線的に発展している」のである。たしかに、スカイネットが地球を支配し、人間は後退しているようであるが、ターミネーターの進化と、最終的な「救世主」の登場による救済（おそらくシリーズ5で描かれるであろう）が何よりも「歴史過程が直線的に発展している」ことを表わしている。

こうした一般的なSFとは異なって、安易に舞台を近未来に設定せず、現在の自分が未来によって抹殺されることを主題とした安部公房の『第四間氷期』は、現在の延長線上に未来があるのではなく、未来とは現在との完全な断絶の上に成り立つことを描いている。予言機械を開発した主人公が、その予言機械を通して未来を先取りしようとしながら、自分がその未来によって否定される物語である。

予言機械を開発した主人公は、予言機械の意義を政府に説明するために、予言を犯罪捜査に利用しようとする。開発チームを維持するためには、政府の援助が欠かせないためであった。ところが、その犯罪捜査に利用していた予言機械を通して胎児買取事件が存在することを知り、主人公がその事件を探ろうとすると、脅迫電話がかかってくるようになる。さらには、主人公の妻が通っていた病院で堕胎させられ、胎児が持ち去られるという事件も発生する。そうしている間に、予言機械本来の作業である地球の未来分析を実行させると、近い将来、地球のほとんどが水没してしまうという予測を示したのだった。かりにそうなったとき、生物は水中生活を可能にする以外に生き延びる可能性はないことも判明していた。

だが実は、主人公が政府に予言機械の意義を説明しようとしている間に、すでにコンピューターの未来予測を基に、その計画を実現するための研究チームがつくられていて、主人公の知らないところで活動していたことが明らかになる。胎児買取事件も水棲人間開発の実験のためであり、主人公の奪われた胎児も水棲人間として水槽の中で泳いでいた。さらに主人公への脅迫電話も、彼の開発した予言機械によるものであることが判明する。自分の開発した予言機械とその開発チームが事件を起こし、自分を計画の妨害者として抹殺しようとしているのであった。

これは一見すると、機械文明が人類に対して反乱を起こすというSFのステロタイプの印象があるが、予言機械（＝未来）が現在を抹殺するさいのメカニズムと、未来と現在の断絶を語っている点で決定的に異なっている。そこには、単なるSF小説を超えて、未来を知ることの恐ろしさが垣間見えるのである。

『第四間氷期』の「あとがき」で、著者自身は、「未来が、肯定的なものであるか、否定的なものであるか、という議論はむかしからあった。（略）しかし、ぼくは、そのいずれもとらなかった。はたして現在に、未来の価値を判断する資格があるかどうか、すこぶる疑問だったからである。（略）真の未来は、おそらく、その価値判断をこえた、断絶の向こうに、「もの」のように現われるのだと思う。たとえば室町時代の人間が、とつぜん生きかえって今日を見た場合、彼は現代を地獄だと思うだろうか、極楽だと思うだろうか？　どう思おうと、はっきりしていることは、彼にはもはやどんな判断の資格も欠けているということだ。この場合、判断し裁いているのは、彼ではなくて、むしろ現在なのである」と述べている。

この『第四間氷期』の未来とは、温暖化現象などの地球環境問題だけでなく、当時の共産主義という未来も含まれており、歴史が「地上における人間の状態の完成というゴールに向う進歩である」というマルクス主義的歴史観に問題を提起しているようでもある。「共産主義」をどうとらえるかという問題、つまり、未来の意味は、現在のわれわれの価値観の延長上にあるものではなく、そのときの「現在」が決める全く得体のしれないものであるということである。そして、歴史が現在の視点からの捉え返しでしかないように、未来とはその時になったとき、その現在がその時の視点から判断する以外のものではないというのが『第四間氷期』の安部のテーマだったようである。

"時間の町"の物語と"時間の制定"

そうしたSF的なものではなく、どちらかと言えば、寓話的に「時間」の本質を描いたのがE・A・ポオの『鐘楼の悪魔』で、ポオのファルス的作品の代表ともいえるものである。その、オランダにあるナンジカシラという町は、世界中で一番きれいなところで、発祥当初から現在まで、まったく同じ状態を保持してきていた。町の古老たちの記憶をたどっても、今と違っているところは何一つなかった。町の起源を確定することはできないが、どんなに古く見積もっても古すぎることはないという。

その町は、周囲四分の一マイルのまんまるい低地で、まわりをぐるりとなだらかな丘に囲まれていた。人びとはこの丘を越えて外の世界へ出たためしがなかった。町の様子は、丘を背にして建つ六十軒ほどの家が玄関口を丸い低地の中心に向けて並んでいる。各家の玄関先

ルドンは、ポオの『鐘楼の悪魔』に触発されてこの作品をつくった。題名は『仮面は弔いの鐘を鳴らす』。

からその中心までの距離は、きっかり六十ヤードであり、どの家にも日時計が一つとキャベツが二十四個植えられている。それぞれの家の外見も、内部も、全く一様で、家具もまた同じ設計で画一的である。マントルピースの上には時計が置いてあり、規則的に時を刻んでいる。

どの家の主婦も小柄な老女で、オレンジ色の麻と毛の混織の服を着ている。右手に懐中時計を持ち、左手で料理を作る。男の子たちはめいめい口にパイプをくわえ、右手に重い懐中時計を持っている。パイプをふかしては時計を見、時計を見てはパイプをふかす。玄関の入り口のところには、革張りの肘掛椅子があって、そこに家の主が座っている。肥満した小柄の老人で、着ているものは子供たちとそっくり同じである。やはりパイプをくゆらしているが、パイプの大きさは子供たちに比べて少し大きい。懐中時計はポケットに入れているが、家の主人には大きな役目があって、丸い低地の中心にある町会議事堂の尖塔の鐘楼をしっかりと見ているのである。

その鐘楼の中には、町の驚異でもあり誇りでもある大時計が安置されている。その時計は、大昔からそこに置かれ、七つの文字盤が七つの方向に向いていて、町のどの方向からも見えるようになっていた。それぞれの家の主人が玄関口の肘掛椅子から注意をそらさずに見ているのは、この大時計であり、この大時計に町中の柱時計や懐中時計がすべて倣ってきたのである。大時計には、ひとりの鐘楼守りがいて、町一番の高官であった。大時計は太古以来、故障したことは一度もなく、故障を考えるだけでも、ナンジカシラの町では異端と見なされたのである。したがって、鐘楼守りは閑職中の閑職であったが、人びとからは完全な尊敬を与えられていたのである。

この町には、古くから、「丘のかなたからはろくなものが来ない」という言いならわしがあったが、ある日の正午近く、東側の丘の頂上に奇妙な外国人のような若い男が現れた。凝った身なりで、色は浅黒く、鼻は鉤鼻、眼が丸く、口が大きく、口ひげと頬ひげを生やしていた。黒い燕尾服を着て、舞踏靴の繻子のリボンを蝶結びにし、三角帽を腕に挟み、大きなヴァイオリンを持っていた。踊りのステップを踏みながら、町の中央に来るとくるくると旋回したが、少しも正しい時間を守る踊り方ではなかったので、町の人びとはその男に憤慨していた。

男はあっちこっちで踊りまくると、正午三十秒前には、いきなり鐘楼の中に飛び上がってしまった。そこには、鐘楼守りが威厳のある態度で煙草を吸って座っていたが、男は、鐘楼守りの鼻をつかむと振り回すやら、引き回すやら。腕に挟んでいた三角帽を頭からすっぽりとかぶせると、大きなヴァイオリンで何度も鐘楼守りを叩きつづけた。

それが正午まで半秒前だったので、大時計はまさに正午の鐘を鳴らすところだった。正午の鐘が鳴りだしたら、この町では、各人、自分の時計をしかと見守るのが、何よりも大事な絶対的なことだったのである。人びとは尖塔の中の男が大時計に何か手出しをしているのをはっきりと認めたが、もう時計が鳴りだしていたため、男に気を向ける者は誰もおらず、みんなが時計の音を数え始めた。

時計が十二時を鳴り終わって、「さあ、十二時だ」とめいめい懐中時計を仕舞い込もうとしたとき、大時計は十三時を打ったのである。

小柄な肥満した老人は、まっさおになってパイプを口から落とし、子供たちは一時間も食事を摂らずにいたことを驚き、主婦たちはキャベツを煮すぎたことをわめきたてた。老人たちはタバコの火が一時間ももったことに憤然として、パイプの煙草を詰め直して矢継ぎ早に煙草をふかしたので、あたりはもうもうたる煙でいっぱいになった。キャベツは真っ赤になり、マントルピースの上の時計は怒りを抑えかねて、十三の時報をいつまでも打ち続け、低地全体は恐るべき喧騒と混乱に包まれてしまった。

鐘楼に陣取った男は、仰向けに伸びてしまった鐘楼守りの体の上に座り込み、鐘の引き綱を歯にくわえてぐいぐい引っ張りつづけていた。

この『鐘楼の悪魔』の舞台となるナンジカシラの町は、ボルヘスの六角形の何層にもなった「バベルの図書館」が宇宙の構造を表わしているように、時計の文字盤のような丸い街並みで、公共的共通時間の構造を表わしている。その時計の町が、なだらかな丘に囲まれていることによって、その町の住民は時間の外には出られない。いや、その〝時間の町〟を離れてみることを考えすらしないのである。その町名の由来もオランダ語の駄洒落・語呂合わせでナンジカシラといい、六十軒の家が町の中心まで六十ヤードで、二十四個のキャベツを植えているというのだから、すべて時間を暗示させている。衣装、食事、住まいといった人びとの生活も、「均一的に流れる時間」そのもののように画一的である。そして、町会議事堂の大時計が生活の全てを律しているので、その時間が混乱したら生活が成り立たないのがこの町である。そのような、正確な時間と素敵なキャベツを愛する美しい町を、大時計を狂わせるだけで大混乱に陥れたという話であるが、鐘楼の悪魔は、本当に悪魔であったのであろうか？

寓話的なことでは、ポオの『鐘楼の悪魔』に似ていなくもないが、私が数十年前に読んだ時間にまつわる寓話があるので、それを紹介しておこう。

一九七五年秋から七六年夏にかけて、季刊四号の期間限定で発行された『文壇墓地』という小冊子に掲載される予定のものであった。

その物語のタイトルは「時間の制定」となっていた。

《東の森蔭から姿を現わした二頭だての箱馬車が、のろのろと進み、村の中央にある古い跳ね橋に差し掛かると、いつも必ず、村役場の正午の空砲《ドン》が、青空に谺響するのだった。馬車の中の謎の男が、東の森蔭に姿を見せてから、遥か彼方の西の山脈《やまなみ》に姿を消すまでの時間は十年以上にわたって〝一分〟として違ったことがなかった。哲学者じみた厳格さで、男は毎日馬車を進ませてきたのだった。村人達は、男が通過するのを見て、いつの間にか時刻を測るようになっていた。

それは、奇妙な馬車が見られるようになって、十三年目の最初の日のことである。いつものように東の森蔭から姿を現わした馬車が、のろのろと進み、ようやく跳ね橋に差し掛かった時であった。いつもであれば、馬車が跳ね橋に掛かるのを待ち切れぬかのように村役場の正午の空砲《ドン》が轟くはずが、しんと静まり返ったままだった。すでに村人達が昼食の席に着く時間なのに、馬車が跳ね橋を渡り切ってもなお、村役場の正午の空砲《ドン》は鳴らなかった。

不安に襲われた村人達は、馬車が跳ね橋を渡って去っていくのを見て、昼食の席に着いた。もう食事の時間は過ぎていると、みなが思っていたのだった。どの家でも、食事を終わり、かたづけの準備にかかろうとした時、村役場の空砲《ドン》が雷鳴のように村中に響き渡った。

村人達は、村役場の空砲《ドン》が四十五分近く遅れていると口々に言い合ったのである。

それからは、その村役場では、正午の空砲《ドン》を鳴らすことはなくなったのである》。

（「瞑想派による『創世記異聞』」第五章）

「万物の始原」の物語とクロノス

〝時間の誕生〟には、寓話的・神話的性格がついてまわるが、キリスト教における〝時間の誕生〟は、神による天地創造と結びついている。聖アウグスティヌスが「時間そのものを、あなたはお造りになったのですから、時間をお造りになる前に、時間が過ぎ去るなどと言うことはありようがありません」と言うように、あなた（神）が時間を創造する以前にはいかなる時間もなかったというのである。そして、神自身は時間の外にあったのである。

これに対して、ギリシア神話で時間がどのように誕生したかを見てみると、定かには語られていないどころか、そもそも、世界の始まりについての定説というべき物語がなく、オリュンポス神族以降の物語となって初めて定説と言うべき物語が語られるのである。つまり、オリュンポスの主神ゼウスに至るまでのウラノス、クロノス、ゼウスの宇宙統治者の三代推移の神話は、「単にそれ自体の自然発生的な神界（つまりは人間界）権力闘争過程の説明神話にとどまらず、おそらく近東先進文化からの影響というか、示唆というか、それに教えられ、これをなぞった、という趣が多く認められる」（呉茂一『ギリシア神話』）のである。

カール・ケレーニイの『ギリシアの神話』によれば、「万物の始原」の最古の物語は、ホメロスのもので、オケアノスを「神々の生みの親」とするものであったという。「万物の生成」は河の神オケアノスの多産な尽きることのない能力によるもので、すべての河、泉、水源、そして海が、彼の力強い流れから生みだされたとされている。そのオケアノスは大地の極限の果てを回り、またもとに戻ってくるというから、この神話には、大地は水の上に浮かんでいて、水があらゆる事物の原理であるとしたタレスの世界観と共通したものがうかがえるのである。オケアノスは女神テテュスを妻にして万物を生みだしたと言われるが、テテュスについては、オケアノスの娘たち、息子たちの母であるという以外知られていない。

「万物の始原」のもう一つの物語は、オルペウス教の信徒や崇拝者が守ってきた文書に伝承されているもので、喜劇作家アリストパネースや哲学者の著作の中に残されているものである。この物語によれば、初めに「夜」があったという。この夜の女神ニュクスは黒い翼をもった鳥で、風の神によって暗黒の巨大なふところに銀色の（宇宙の）卵を孕み、この卵から風の息子である黄金の翼をもった神が飛び出した。この神が愛の神エロスである。エロスは、さまざまの名前を持っているが、たとえば、プロトゴノスと呼ばれるときは、すべての神々のなかで「一番はじめに生まれた神」であることを意味し、パネス（すべてを生みだすもの）と呼ばれるときは、卵からかえったばかりのこの神が、その時まで銀色に輝く（宇宙の）卵のなかに隠されていた全宇宙を生みだしたことを意味するといわれる。生みだされたものは、カオスと言われ、上の方には、空隙《くうげき》すなわち天空が生まれ、下の方にはその他のものが生まれたという。

第三の物語は、ヘシオドスの『神統記』に語られたものである。ヘシオドスによれば、初めにカオスが生じ、つぎにオリュンポス山上の神々の住処である大地ガイアが生まれた。この大地の女神ガイアが最古の神であるという。ついで、神々の中で最も美しく、すべての神々と人間を惑わすエロスが生まれた。そして、ガイアは、星をちりばめた「天」ウラノスを生み、天がガイアを隈なく覆うと、ガイアは大きな山々や荒涼たる海ポントスを生んだ。彼女はこれらすべてを何者との交わりなしに一人で生んだのだが、ウラノスとの間に、ティタン神族を生み、そのほかに、額に一つの眼を持つ巨人であるキュクロプスのステロペス、ブロンテス、アルゲスの三人を生んだという。さらに、百の腕と五十の頭をもつヘカトンケイレスの三人（コットス、ブリアレオス、ギュゲス）を生んだ。

ウラノスとガイアの結婚の物語は、ほんらい「万物の始原」に関わるものであったはずであるが、ギリシア神話ではその点が明瞭ではなく、ティタン神族の物語に移行してしまうのである。

ガイアが生みだした百腕の巨人ヘカトンケイレスはあまりに奇怪な姿だったので、父ウラノスから嫌われ、生まれるごとに大地の奥のタルタロスに押し込められた。母のガイアはこれが不満で、灰白色の鋼鉄の大きな鎌をつくり、子供たちに自分の策を実行するように言った。子供たちは父親を恐れて俯くだけであったが、末の子のクロノスが敢然と母の言葉に従い、父ウラノスに復仇を申し出たのである。そして、夜、ウラノスがガイアを訪れ、愛に燃えてガイアを抱き、全身を覆ったときに、物陰から先の大鎌をとって現れると、左手で男根をつかみ、右手の鎌で父の男根を切り取り、背後へ投げた。このクロノスがゼウスの父であり、ウラノスに代わってティタン神族の支配者となったものの、父同様に凶暴になり、子供が生まれるたびにそれを呑み込むようになっていった。というのも、彼が父を退位させたように子供たちの一人がその座を奪うであろうと警告されたからであった。

ところが、ゼウスが生まれたとき、ゼウスは母のレアから祖母のガイアに預けられ、レアはゼウスの代わりに大きな石を産着に包んで夫に渡すと、クロノスはそれをわが子と思って呑みこんだ。やがて、時が満ちると、定めどおりにクロノスはゼウスの策略と力に敗れ、呑みこんだ子供たちを吐き出してしまった。こうして、ゼウスの男性としての顔があらわれることによって、はじめて一般にギリシア神話と見なされている神話が現れてくるのである。言い換えれば、ギリシア神話においては、「万物の始原」や、〝時間の誕生〟は、さして主要なことではなかったということである。

とすれば、ギリシア神話の「時間《クロノス》」(Chronos)はどこから誕生したのであろうか。

ティタン神族の支配者クロノスは、ローマ神話ではサトゥルヌスと呼ばれ、ゴヤの絵画に

ゴヤ『サトゥルヌス』。わが子に地位を追われるという予言を聞いて、サトゥルヌス（ギリシア名クロノス）は、子供が生まれるたびにそれを呑み込んだ。

も子供をむさぼる姿が描かれているが、ギリシア人のなかでも、このクロノス（Cronos）を「時」を表わすクロノス（Chronos）と関連づけて、鎌をもった老人の姿で「時間の始祖」とする者が現れ、それが広がり、クロノス（時間）は鎌を持って人の寿命を決める死神とも同一視されることになったともいわれている。ギリシアの神々の性格は、元来、厳密にわかれているわけではなく、たとえばヘルメスとヒュプノスとアスクレピオスの三神が、夢、冥界、医療、死という共通した領域を統治する性格を共有しているように、時間のクロノスとティタン神族の王クロノスも、いつからか混同されてきたというのである。

時間のクロノスが、ギリシア神話ではどのように位置づけられているかといえば、カール・ケレーニイによれば、本来ギリシアの神ではなく、オルペウスの信徒たちによって「万物の始原」に持ち込まれたものだという。「オルペウス教徒たちは、ギリシアの神ではないクロノスを冒頭に持ち込んでいる。われわれギリシアのクロノスとこの決して齢をとることのないクロノスを混同することは許されない。というのは、後者の不老のクロノス（以下、このクロノス）は自分のなかから、穏やかなアイテルとカオス――底なしの暗黒にみちた空虚――を生んだ。また、天の光とか輝ける昼の光を意味する名のアイテルのために、クロノスはくるくると自転する銀の卵を創造した。ところが、アイテルとカオスは、アイテルの息子パネス――別名プロトゴノス・パエトン（「最初に生まれた輝くもの」）――があらわれたことによって、はじめて分かれた。パネスのまばゆいばかりの白い衣は銀の卵であった。彼は四つの眼、四つの角、黄金の翼をもち、雄牛やライオンのように吼え、前の部分は女性で

タロットの死神。ヨーロッパ中世に広がった死神のイメージは、ギリシア神話と中東文化の混交といえる。

ニコラ・フラメル『象徴寓意図の書』の中の図。頭に砂時計を乗せたクロノスが大鎌で薙ぎ払おうとしている。

後の部分は男性という両性を具えて、また、エリケパイオスとか、エロスとか、メティスとも呼ばれた。パネスとは「現れるもの」「表わすもの」であり、エロスとは「愛」であり、メティスとは「賢い分別」という意味で、名前から判断すると女神であるが、神々の精液をもち運んでいた、といわれている。エリケパイオスという異国語の響きのする名前には訳語が見当たらない」というのである。

こうして、周辺の異文化からの影響によって、外から持ち込まれたクロノスがギリシアの神と混交しながら、タロットの死神として鎌を持って時間を象徴するものとなり、あるいは、ニコラ・フラメルの錬金術書『象徴寓意図の書』に砂時計を携えて大鎌を持ったクロノスが描かれたりするようになったのである。これは、おそらく、ギリシア神話にクロノスが持ち

『死と戯れる夫人』、16世紀。

こまれたと同様に、オルペウス教やグノーシス思想などの流れにおいても、ギリシア神話やキリスト教からの影響を受けながら、錬金術や占星術を生みだし、タロットや錬金術書に時間の象徴として描かれるようになり、ヨーロッパ中世から近代にいたるまで引き継がれてきたということであろう。十六世紀のコルネーリウス・トイニセンの彩色木版画に砂時計と死神が描かれ、時間と死が結びついて無常のアレゴリーとされたのもこうした流れによったものと思われるのである。

クイズとしての時間

時間を神話や寓話でもなく、ある意味、数学のナンセンス・クイズのように扱っているのが、ルイス・キャロルの『不思議の国のアリス』である。

この作品は、少女向けに夢の世界を描いて見事に成功した童話と言われているが、言葉による観念連合、駄洒落、ナンセンスな連想が、ストーリー展開の重要な要素になっている。そして、意外なのが、時間もまた、ストーリー展開上の重要な要素になっていて、それもナンセンスなものとして登場するのである。

そもそも物語は、アリスが河土手に姉と座っていて、眠気を催したとき、直ぐそばを一匹の白兎が駆けていくところから始まる。その兎を追って夢の世界に入っていくのであるが、そのときの兎は、「おや！　おや！　おくれっちまう！」とひとりごとを言っているのである。

アリスはさほど不思議とは思いませんでした。（あとで考えてみると、不思議がるのが当然だったのでしたが、その時は皆全く当り前のように思いました）しかし兎が目《ま》のあたり、チョッキのポケットから時計を取り出し、それを見てから、急いで行くのを見ると、アリスは跳《と》び起きました。これまで、チョッキのある兎やら、それから時計を出した兎を、ついぞ見かけたことがないと急に思いついたからです。不思議でたまらず、兎のあとをつけて野原を突っきって行きますと、いましも兎が生垣《いけがき》の下の大きな兎穴にぴょんと跳びこむところでした。

兎は、追いつきそうで追いつけず、アリスは、迷宮の奥へ奥へと導かれていく。まるで白兎の時計（時間）を追っていくことが、ストーリーの展開となっているかのようである。

『不思議の国のアリス』の白兎。アリスを夢の世界に誘い込む時計を持っている兎は、夢の国への案内役となった。

実際、作者のルイス・キャロルは、子供の頃から時計や時間に関心を抱いていたようで、十八歳のときに、『二つの時計』というクイズのような文章を書いている。

「一年に一回だけ正しい時刻を示す時計と、一日に二回正しい時刻を示す時計とでは、どちらの時計がよい時計か?」という問題であるが、この問題など、『不思議の国のアリス』にそのまま出てきそうな問題である。どちらがよい時計かという点では、答えははっきりと言えるものではないが、一見すると一日に二回正しい時刻を示す時計のほうが使えそうな気がする。しかし、実はそうとも言えないということなのである。つまり、一日に二回正しい時刻を示す時計とは、止まっている時計で、二十四時間のうちで二回だけ時計の指している時刻になるが、一年に一回だけ正しい時刻を示す時計とは、一日に一分ずれる時計ということだからである。少年時代のルイス・キャロル(雑誌に寄稿するに当たり、本名の Charles Lutwidge Dodgson〔チャールズ・ラトウィッジ・ドジソン〕のファーストネームとミドルネームを、ラテン語化して Carolus Ludovicus とし、その氏名を入れ替えて、英語らしく Lewis Carroll というペンネームにしたという)を見ると、数学者になったのは、ある意味当然とも考えられるが、こうした頓智にも近い発想を数学者として生かしたということであろう。

ボルヘスの『続審問』に収められている「亀の化身たち」は、おもにゼノンの「アキレスと亀のパラドクス」(本書序章参照)を扱ったものであるが、その中で、「ロッツェは原因と結果の間にゼノンの周期的深淵を介在させ、ブラッドリーは主辞と賓辞の間に(あるいは主体と属性の間に)それを介在させる。ルイス・キャロルは三段論法の小前提と結論の間にそれをすべりこませているが(「マインド」四巻二七八頁)、その結果、アキレスと亀は無限に対話を続けることになる」と述べている。この「アキレスと亀の無限の対話」というのが、キャロルの『亀がアキレスに言ったこと』という小説で語られる三段論法における《無限後退》（regressus in infinitum）であり、当然、ボルヘスの「亀の化身たち」というタイトルにはルイス・キャロルのこの文章が意識されているということである。

兎穴の迷宮に入り込んだアリスは、「私をお飲み下さい」と書かれた小壜の飲み物を飲んで二十五センチの体に縮んだり、ケーキを食べて三メートルの身長になったり、つぎつぎと不思議な体験をして驚き、泣き喚きながら物語は進んでいく。しかし、そうした迷宮の中でも、アリスはつねに自分と対話をし、泣いている自分に、泣くのをやめるように忠告したり、「自分を対手の球遊びに自分をだましたというので自分の耳をなぐろうとした」こともあったことを思い出す。そして、「おやおや！　今日は何から何まで何て変てこなんだろう！それに昨日は万事が当り前だったのに。私は夜の中に変ってしまったのでは無いかしら。えぇっと、今朝起きた時は同じだったかしら？　どうやら少々変っていた気がするようだわ。だけど同じでないとすれば、『いったい私は誰だ？』という問題になるわ。ああ、これこそ実に大難問だわ！」と、自問自答するのである。これは、ルイス・キャロルが夢の特徴を十分に捉えていたことを示すものであるが、夢の中においては、観念連合が言葉遊びになったり、主辞と賓辞とが明瞭に分裂して現れたりする奇妙さが子供向けに巧みに描かれているのである。

時間についても同様で、七章「キ印し揃いのお茶の会」では、実に奇妙な「時間《タイム》」が現れるのである。アリスが、にやにや笑いだけを残して姿が消えてしまうチェシャ猫の言葉に従って、三月兎と眠鼠と帽子屋の三人のお茶の会に紛れ込むと、主催者の帽子屋は奇妙な時計を持っている。

アリスは好奇心を持って、三月兎の肩越しに眺めていました。「ずいぶんおかしな時計だこと！」と申しました。「日附を報ずるので時刻は報じないんだって！」「それで沢山じゃないか」と帽子屋はつぶやきました。「ではお前さんの時計は年を報じるのかい？」

「報じるもんですか」とアリスは即座に答えました。「だけど、それはずいぶん長い間、年は変らないからよ」

「僕のもちょうどそれなんだ」と帽子屋が申しました。

アリスは恐ろしく面喰いました。帽子屋の言葉は全く無意味のように思ったのですが、それでいてたしかに国語なのです。

こうしているうちに、帽子屋が解けないクイズを出題したことが切っ掛けで、アリスとの間に時間についての口論が始まるのである。

アリスは退屈そうに息をつきました「も少し時《タイム》の利用法もありそうだと思いますわ」と申しました、「解けもしない謎をかけてそれを浪費するよりか」

「お前さんが私のように『時《タイム》』をよくしっていたら」と帽子屋が申しました「『それ』を浪費するなんていいはしないよ。『時《タイム》』は人間だよ」

「おっしゃる意味が分りませんわ」とアリスが申しました。

「勿論分らんだろうさ！」と帽子屋が軽蔑して頭をふり立てて申しました「『時《タイム》』に口を利いたこともないと思うがどうだね！」

「ないようですわ」とアリスは用心して答えました「だけども、音楽のお稽古には拍子《タイム》を打たなくてはなりませんわ」

「ああ！　それでわかったよ」と帽子屋が申しました「『時《タイム》』は打たれるのが我慢できないんだ。何、『時《タイム》』と仲好くしていりゃ、時計にどんな注文をしても、たいていやってくれるよ。例えばだね、朝の九時、ちょうどお稽古の始まる時刻だとすると、ちょっと『時《タイム》』に耳うちをしさえすれば、瞬く間に時計はくるりと廻ってな、十二時、お食事の時刻とくるんだ！」


ここでの『時《タイム》』は、擬人化された社会的共通時間である。そして、この「不思議の国」では時刻を表示するために時計があるのではなく、時計が時間を決めるという逆転現象が起こっているのである。言葉遊びの世界であるから、人格を持つ『時《タイム》』はbeat time（拍子をとる）が我慢できないので、『時《タイム》』と仲好くすれば、仲好しの都合の悪い時刻は表示しない。したがって、そこでは嫌なことは存在しなくなるというのである。ところが、女王主催の大

『不思議の国のアリス』のチェシャ猫の挿画。いま浮かんでいるにやにや笑いは時間の象徴かもしれない。あるいは、四次元世界からの出現だろうか。

音楽会で帽子屋は調子に乗ってナンセンスな歌を歌い、女王の不興を買い「奴は時を殺している！(He's murdering the time!) 首をちょん切ってしまえ！(Off with his head!)」と言われてから、気違いになったという。女王が「奴は時を殺している！」と言ったのは、kill time（暇をつぶす）から連想されたものであるが、擬人化された『時《タイム》』を殺したのだから処刑されるべきだと言っているのである。このときから、『時《タイム》』も帽子屋の言うことを聞かなくなり、今ではいつも三時を指すので、帽子屋はお茶会の準備に追われ、茶器を洗う暇もない状態になっている。時間と時計が逆転したナンセンスではあるが、社会的共通時間が人びとの生活を支配しているという一面を語っていると考えられないこともない。

　ルイス・キャロルは、子供の頃から、時計や時間に興味をもっていたことはすでに述べたが、そのナンセンス表現が帽子屋の持つ時計であり、狂言回しとしての時間である。そう考えると、アリスを帽子屋のお茶会へと導いたチェシャ猫もまた狂言回しであり、時間の象徴と考えることもできる。というのも、つねに現在を体験するだけで、過去と未来は永遠の彼方に消えている時間とは、現在であるにやにや笑いは捉えられるが、過去や未来である総体としてのしっぽや身体は消えてしまっているチェシャ猫と言えるからである。八章「女王のクローケー・グラウンド」で、チェシャ猫の「顔つきが嫌いじゃ」と言いながらも手にキスを許したところ、猫のほうから「それはごめんを蒙りたいね」と拒まれた国王は、チェシャ猫に斬首の刑を申し渡す。しかし、首切り役人は「首はそれに身体がついていなければ切れないわけで、いままでそんなことをやらされたことはない」（you couldn't cut off a head unless there was a body to cut it off from: that he had never had to do such a thing before）と反論する。この国王と首切り役人の、チェシャ猫の今見えている頭と消えている身体を切断できるかどうかという議論は、作者が数学者ということを考慮すると、現在という瞬間と無限のなかに消えている過去あるいは未来とを切断することが可能かどうかの議論のようにも思われてくるのである。いや、もしかすると、にやにや笑いだけを残して消えていくチェシャ猫は、現れたり、消えたりする四次元世界の住人ではないだろうか。あたかも四次元の球体が三次元との接点としてぽつんと現れ、それがみるみる大きくなって球体が現れるときの、最初の接点が、チェシャ猫のにやにや笑いかもしれないのである。とすれば、このチェシャ猫を斬首するには、立体の刃を持つ剣が必要となるということである。

おなじように、『鏡の国のアリス』にも、時間の本質を捉えたナンセンスな会話が描かれている。

アリスが鏡の国で白の女王のこんがらかった髪の毛を整えてあげたあと、「女王さまには侍女が必要ですね！」と言ったときのことである。


「喜んでお前を侍女にしてやろうぞ！　一週二ペンス、一日おきにジャムを食べさせてあげる」と女王がいいました。

「わたしをやとってくださいとは申しません――それにジャムは好まないんです」といいながら、アリスはこらえきれずに笑ってしまいました。

「たいそうよいジャムなのじゃぞ」と女王。

「はい、でも、とにかくきょうのところは、いただきたくないんです」

「きょうのジャムは、お前がほしがっても食べるわけにはいかぬ。あすのジャム、きのうのジャムはあるが――きょうのジャムというのはない規則なのじゃ」と女王がいいました。

「それは、いつかは『きょうのジャム』になるはずではありませんか」とアリスは反対しました。

「いや、そうはいかぬ。一日おきのジャムじゃ。きょうという日は、すぐの日で、一日おいた日ではないであろうが」

「おっしゃることがわかりませんわ」とアリス。「おそろしくこんがらかっているんですもの！」

「あともどりしながら生きているせいじゃよ」と女王はやさしくいいました、「初めはだれでもちょっと目が回るものじゃ――」

「あともどりしながら生きるんですって！」と、アリスはすっかり驚いてしまって、おうむがえしにいいました。「そんな話を聞くのは初めてです」

「――しかし、それには、きわめて便利な点もある。記憶力が前と後ろの二方向にはたらくのじゃ」

「わたしのは一方にしかはたらきませんわ」とアリスはいいました。「まだ起こらないものを思い出すことなんかできませんもの」

「後ろにしかはたらかない記憶力は貧弱なのじゃ」


この白の女王の言葉は、まさに、時間そのものを語っているのである。われわれはつねに現在にしか生きていないのであるから、女王の約束は空手形（パラドクス）でしかない。つまり、つねに今日しか生きていないアリスには、昨日のジャムも明日のジャムも、結局、食べられないのである。そして、第一章ですでに述べたように、「今の意識」が成り立つとき、すでにない過去といまだない未来は、「過去把持」と「未来把持」というかたちですでに捉えられているのであるから、ルイス・キャロルの言うように、すでに持っている「未来把持」と「過去把持」という「前と後ろの二方向に働く」記憶力によって「未来」と「過去」は捉えられるということであろう。しかし、われわれは、「あともどりしながら生きている」ために、自分の運命がわからないのである。

その訳は、幸運の女神はご自身目が見えないばかりでなく、取りついた人をも大抵目が見えなくさせてしまうからだ。（キケロー）

それとは反対に、フィリップ・K・ディックの『ゴールデン・マン』であれば、自分の運命はわかるであろうが、自分の過ごしてきた過去はないことになるということである。

第六章　夢における時間

われわれが夢を見るとき、夢はどれくらいの速さで展開し、どれくらいの間続いているのかということが、長い間、問題とされてきた。夢の中での時間と日常の公共的共通時間とは違っているとしても、その両者はどこが、どう違っているのか。夢は、ほんの一瞬の間に見られるのか、現実の客観的時間と同じ時間をかけて見られるのか、それとも、それ以上長い時間をかけて——長いと言うより、夢のなかの時間が客観的時間より遅く——見られるのかという問題である。

この問題は、夢の中でわれわれが体験する時間が、覚醒時の「客観的時間」に対応しているとすれば、夢見る者と目覚めている者のどこにおいて、どのようにその差異がでてくるのかという問題と考えることもできる。というのも、覚醒時の「根元的印象」が「意識の志向性」によって継起的に秩序づけられ構成される「内的時間」が、外的事物に仮託されて「客観的時間」として計量されるようになる共通時間成立の構造と、カメラとしての眼が世界を捉えた「根元的印象」が「過去把持」の作用によって「記憶の陰画紙」となり、観念連合の作用によって、夢の中で、「客観的時間」であるかのように現像される過程とが、夢におけるのと覚醒時とでは相似的と考えられるからである。

『夢の城』。夢はさまざまな事物を素材に構築された造形だろうか。フランス、17世紀。

圧縮された夢の時間

まず、夢の時間が瞬時として語られる例として、有名なものでは、預言者マホメットの夜の旅の逸話がある。マホメットは、天駆ける馬で七つの天国へ旅立つ直前に水差しを倒してしまったが、道すがら、七人の預言者や大勢の天使たちと会い、神と話をした。そして、楽園の景色を見終わってから、寝室に戻ると、自分のひっくり返した水差しの水はまだ流れ出ていなかったという逸話である。この逸話での圧縮された時間感覚は、マホメットが癲癇の病いを持っていたことに帰せられる場合が多いが、同じ病いのドストエフスキーが発作の直前には時間が変容すると言っていることと共通している点があるかもしれない。

あるいは、夢の時間が現実の客観的時間より短く、一瞬にすぎないというのは、人間が崖などから転落して死を覚悟した瞬間に、地面に着くまでの一、二秒の間に、自分の一生が凄まじい速さで回転するフィルムのように思い出されるという話と共通したところからきているのかもしれない。

このように、夢の中で時間が圧縮されるという例は、夢の不思議として、さまざまな地域の物語にも残されている。たとえば、唐の玄宗皇帝の時代の歴史家沈既済《しんきせい》の『枕中記』には、有名な「邯鄲の夢」、あるいは「黄粱一炊の夢」といわれる話がある。

開元七年（七一九年）のこと、神仙の術をえた呂翁《りょおう》という道士が、旅の途中、邯鄲の宿屋で休息していた。帽子を脱ぎ、帯をゆるめ、荷物の袋にもたれていると、盧生という村の若者が黒馬に乗って通りかかった。やはり宿屋でひと休みしようと、呂翁と並んで腰を下ろすと、談笑し始めたが、ふと自分の身なりの粗末さを見て、ため息交じりに身の不運を嘆いた。呂翁は、いったい何を嘆いているのか、病気もなさそうだし、今まで楽しそうに話をしていたではないかと言う。

するとは盧生は、「男と生まれたからは、功名手柄を立て、朝廷からでるときは大将、入れば宰相となって、豪華な料理が並び、よりぬきの美女の歌を聞き、一族が繁栄し、一家豊かに暮らすことが楽しみというものでしょう」と答え、さらに続けた。「私もかつては学問・技術に秀で、高位高官も思いのままと思っていましたが、もう三十にもなるのに畑仕事ばかりで、こんなみすぼらしい生活をしているのです」。そんな愚痴を言い終わったとき、盧生はふいに目がくらんで眠くなった。このとき、宿の主人はちょうど黍の飯を炊いていたところだったが、呂翁は袋の中から、枕を取りだすと、盧生に手渡して言った。「この枕で寝てみなされ、栄耀栄華が見られると思うがね」。

その枕は青磁で作られ、両端には穴が開いていた。盧生が頭をのせると、その穴がだんだん大きくなり、中が明るくなってきた。そこで、盧生は枕の穴の中に入っていくと、家が現れてきたのだった。

数カ月すると、盧生は名門の崔家から美人の娘を嫁にもらい、翌年は進士の試験に合格し、宮中の図書を管理する職に就いた。やがて彼は、渭南《いなん》県の尉になり、まもなく観察御史、さらには刺史と出世する。そして、都の長官に任ぜられたが、外敵が侵入してきたので、玄宗皇帝は盧生を将軍の才能ある者として河西道節度使を命じた。盧生は夷狄《いてき》を征討し、国土をひろめ、大きな城を三つ築いて要所をかためた。その後、都に帰り、厚い論功行賞にあずかったが、根も葉もない中傷から左遷されてしまう。しかし、三年後には、呼び戻されて、宰相として天下の政治をとるようになる。皇帝の信任も厚かったが、今度は、謀反の疑いをかけられ、流罪となってしまった。数年すると、無実であることが判明し、再び宰相に任じられる。こうして、五人の息子が生まれ、いずれも才能に恵まれ、豪族の娘と結婚し、孫も十余人となった。五十余年の間に、盧生は、二度辺地に流され、二度宰相となり、栄華を極めたのである。

八十を越えると、寄る年波で病に伏した盧生は、最後に皇帝の恩に報いることもできなかったことを詫びる上奏文を奉った。すると、天子から彼の功を賞する詔が届いたが、その日の夕刻、盧生は息をひきとったのだった。

盧生は大きな伸びをすると、目を覚ましたが、自身は宿屋に寝そべっていて、呂翁はわきに座っている。宿の主人の炊いていた黍はまだ煮えず、すべてがもとのままだった。盧生はとびおきて、「なんだ、夢だったのか」と言うと、呂翁は笑いながら、「人生の楽しみは、こんなものさ」と言った。盧生はしばらくぼんやりとしていたが、「名誉と恥辱の過程、困窮と栄達の運命、成功と失敗の道理、死と生の実情、すべてを悟りました。先生は私の欲心をふさいでくだすったのですね。ご教訓、深く心にしみます」と言って、頭を下げ、二度拝礼してから立ち去ったという。

これは物語でのことであるが、実際の夢の記録としては、身体的刺激が夢の原因となって、その刺激から想像されたかたちの夢が現れる場合に、客観的時間よりも夢の時間が短い場合が多いと言われている。

その代表的な例が、十九世紀の夢研究者アルフレッド・モーリーの「ギロチンの夢」の話である。フロイトの『夢判断』によれば、「彼は革命当時の恐怖政治の夢を見ていた。むごたらしい殺戮の場を眼前に見、最後には彼自身も白洲へ引っ張り出された。そこにはロベスピエール、マラー、フーキエ・タンヴィル、その他、あの恐ろしい一時期の悲しい英雄たちがみんな揃っていて、彼が覚えていられなかったいろいろの突発事件があったのち、有罪の宣告を下され、無数の群衆につきまとわれつつ刑場へ引出された。彼は断頭台に上る。刑吏が彼を板に縛りつける。板がくるりと返る。ギロチンの刃が落ちる。彼は首が胴体から離れるのを感じて、恐ろしさのあまり眼を覚ました。すると――ベッドの板が落ちて、ちょうどギロチンの刃そのままに彼の頸椎にあたったことがわかった」という。つまり、この一連の夢は、板が首に落ちた衝撃で引き起こされたもので、夢全体はごく短い一瞬に起こったに違いないと、モーリーは結論づけている。夢の結末と思われるギロチンの刃が落ちる場面が、実は結末ではなく、夢の原因として板が首に落ちた衝撃から遡って展開されたとすれば、衝撃で目が覚めるまでの一瞬の間に、ストーリーがつくられたことになるからである。

南方熊楠もまた、同じように、身体的刺激によって生みだされた夢の報告をしている。明治二十一年（一八八八年）の冬に、渡米中の南方が、ベッドに横になり、足を垂らして寝たとき見た夢である。夢では、和歌山の以前住んでいた家の、いつも読書をしていた二階に登る梯子の上段に、足をかけて危なげに寄りかかっていると、隣室に音楽が聞こえて、錦旗をかかげて兵隊が行進してきた。馬に乗った者もいたが、そのとき、食堂の鈴が食事時間を報じたので夢から覚めたというのである。

そして、南方自身、この夢を、こう分析している。

「これは第一に、小生がベッドにかかり仮寝せる身体、ことに足の位置感覚が、昔年、和歌山の旧宅にありしとき楷梯《はしご》段《だん》にかかりしことあると同一なるが第一の因なり。思うに、小生は少時より冬日火を用いず、右の二階にのみおりて読書したれば、この日ベッドにかかる位置感覚の同じきのみならず、その日の気候も、旧日和歌山の旧宅にてかかることせしときの気候（すなわち寒さ）に同似したりしが、第一因なるべし。すなわち寒さと身の位置感覚（感覚とはベッドにかかりてねたるゆえ、足の重く脛《はぎ》のだるきなど）とが旧日に符合または

「小生、明治21年冬、米国ミチガン州アナバ府にありし日、ベッドの上に横になりて足を垂れたまま眠りたり」と書かれた南方熊楠の手紙に描かれた絵。

二階の部屋に至る階段に足をかけて危うげに寄りかかる熊楠の夢。手紙には、この足の位置感覚が夢の「第一の因なり」とある。

近似せるより、右の和歌山の旧宅を顕出せるなり。さて、そのころは小生に妹ありて、いつも小生の読書する室の隣の室を立てきり、それに入りて三味線また琴をならいたり。故に音楽をききしならん。さて小生は兼ねてその心得ありしゆえ、夢さめるや否、おもてへ走り出でたるに、果たして馬にのれるもの緩歩して家より多少先の方へ歩み行きたり。これは馬の足音が夢に入りて、それがため今まで見おりし旧宅の場は消え失せて、馬の夢となれるなり」（『土宜法竜宛書簡』）。

南方自身、この夢がどのくらいの間のものだったかは述べていないが、昔の夢を見はじめてから食堂の鈴で起こされるまで、そう長い時間ではなかったのではないかと思われる。

夢と客観的時間

このように夢が圧縮されて現れるのではなく、夢を見ている時間と客観時間とがほぼ同じと思われる例も、少なからず挙げられている。

アメリカの睡眠学研究者デメントとクライトマンの実験では、五人の被験者をレム睡眠が始まった五分後か十五分後に起こして、経過した時間が五分か、十五分かをそれぞれに質問したところ、五人のうち四人は正しい時間を答えたことから、夢見ている時間と現実の時間の長さは同じであると結論づけている。また、同じ研究で、十五分のレム睡眠後に報告した夢の長さと、五分間のレム睡眠後の夢の長さを比較した場合、十五分のレム睡眠に見た夢のほうが長かったとも報告している。

しかし、これは考えてみれば、ある意味、当然のことだろうと思われる。もし、夢を見ている時間が、「記憶の陰画紙」からもたらされた観念連合が記憶の連鎖を生みだすに要する時間の意味であれば、それは、神経作用の伝達時間であり、夢においても日常においても同じはずだからである。それに要する時間は、夢見者を対象とした実験で捉えられるが、それはあくまで夢見の生理的時間であって、夢見者の主観としての内的時間が計測されたわけではない。いや、そもそも、内的時間とは、ベルクソンのいう純粋持続であり、計測の対象外なのである。さらに正確に言えば、計測不可能なのである。夢見者が夢見る自分を対象として時間を計測しようとしても、自分を対象とした瞬間、すでに主体は計測する側にあるのであって、計測の対象になっていないからである。これは、われわれの存在の明証性において、つねに行き当たる問題であり、われわれの存在の根底にある問題である。したがって、夢の研究実験などで、夢の時間と客観的時間がほぼ同じであることが確認されたといわれるのは、夢見者を客観的対象として覚醒時の生理活動と同様に測定した場合の話なのである。

夢を日常の生理活動と同一に扱うのでなく、夢自身として捉えた場合、夢を見ている者の時間感覚は、客観的時間よりも長く感じられるということが、エルヴェ・ド・サン＝ドニの『夢の操縦法』に述べられている。

《私は浅くまどろんでいた。教会の時計が五時を打つのを夢の中で聞いた。しかし、私

は早鐘が鳴っているものと思いこんだ。というのも、鐘の音はあわただしく十回以上繰り返されたと思ったからである。》

ここには、注目すべきことが二つある。一つは、鼓膜を震わせる音が、起きている状態とは違って聞こえること。もうひとつは、時間の感覚が現実より長く感じられるため、時計の五回の音が私には少なくとも三分以上続いたように思われたことである。

この例などは、半醒半睡のまどろみという状況においては、日常的に空間化・等質化された客観的時間に変容する以前の内的時間が明瞭に現れているものと考えることができる。つまり、夢においては、空間化される以前の時間の持続性が、はっきりと夢見者に捉えられているということではないだろうか。これは、カメラとしての眼が（あるいは受容器としての聴覚が）世界を写しだした「根元的印象」に「志向性」が働いて内的な時間意識が構成されただけで、公共的客観時間を構成するようには「統握作用」が働いていないということである。サン＝ドニ侯爵の言う「記憶の陰画紙」という第一次記憶から観念連合によって夢が構成される以前の、時間の特性である持続がそのまま現れた〝時間意識の原点〟というべきものであるため、均等化された客観時間とのずれが生じるということであろう。もしかりに、この状態を意識した明晰夢の状態で、十秒数えたとすると、そのとき、夢の時間は夢みる者の中で、（数えるという作業によって）ベルクソンのいう時間の空間化・均等化がなされるので、公共的客観時間とほぼ合致してくるのは、ある意味当然のことと言えるであろう。

「記憶の陰画紙」から観念連合によって夢が構成される過程は、架空の物語を読むときの時間と同様であり、その夢の時間では、マクタガートの「架空の物語の中の時間」と同じように主人公の一生が三時間で語られるのである。そのとき、その物語の本質は主人公の一生にあるのであって、読書にかかる生理的時間の三時間ではないのと同様である。

ただ、夢の中においても、公共的客観時間の感覚が持ち込まれる場合には、エルヴェ・ド・サン＝ドニが言うように、目覚めていた間を眠っていると思い、眠っているときに起きていると思ってしまう場合もあるのである。

《私は、最初、劇場から出て辻馬車に乗っている夢を見た。その馬車は動きだしていた。だが、すぐに目を覚ました。見ていた夢は気にもかけず、私は時計を見た。落としていたライターを拾い、完全に目が覚めると、十分、もしくは十五分後に再び眠ったのである。さて、奇妙なことが起こったのは、ここからである。私は、家に向かうこの辻馬車の中で、眠りから覚めた夢を見たのである。夢の中で目覚めた私には、十五分くらい（しかも、その間、どんな夢を見たかも覚えていないが）うとうとしたような感じがあったので、だいぶ家にも近づいただろう、今どの辺りなのかと扉から外を見たのである。つまり、私は、実際には目が覚めていたわずかな時間を眠っている時間と思っていたのである。》

これは、夢の時間を客観的時間と比較する実験を、被験者自身が行った場合と考えることができるであろう。その場合に、デメントやクライトマンの実験と同じ結果が出ても、少しも不思議なことではない。夢から覚めたエルヴェ・ド・サン＝ドニが時計を見て、「落としていたライターを拾い、完全に目が覚めると、十分、もしくは十五分後に再び眠った」とき、すでにデメントとクライトマンの実験の、実験者と被験者の二つの役を同時に果たしていたのである。

つまり、夢の時間とは、目覚めているときの客観的時間と同様に、「内的時間」を外部の事物に仮託して空間化して「客観的時間」であるかのように捉えるのであるが、夢の世界での外界とは、夢の中に現れる事物であるから、日常の世界時間とは必然的に異なってくるということである。このサン＝ドニの辻馬車の中の夢は、夢の世界に日常の時間感覚を持ちこんだために見た、珍しい例と言えるだろう。

夢における内的時間

スイスの精神病理学者メダルト・ボスの『夢』は、夢を通して現存在分析を試みたものであるが、その中に、夢の時間の本質がどんなものであるかが述べられている。

そうした夢の例として、ある中年の婦人の夢が取りあげられている。

「わたしはある分析時間のあと、分析者に対してとても反撥的な、男のような腹立ちを感じながら、別れました。ついでわたしは長い旅行にゆきます。この旅は人生の半分ほども長く続くのです。まず私が行くのは……というのは、実はこれは私自身が行くのではなく、この旅では、何か外的な力でゆく先がきめられ行かされるようになっているのです。そういうわけですが、まず私はパリへ行きます。ここで私はある金髪の男から恋愛術の教えを受けなければならぬのです。ところでそれはまったく身体の性的魅力に関することで、私はそのためちょうど、美人コンテストの女王の身体を測るように身体を測られました。私はそうされるのがいやでした。というのは私はその先生に本気に恋しはじめていたからです。私はもう自分がこの先生の奥さんになったように感じられるようになってゆきました。さてまた私たちは旅行しつづけてゆき、町を外れて、私の故郷にとても近い、ドイツのある村につきました。そこで私は彼と一緒に、ながいあいだ幸福にくらしました。さて最後に私はまた分析をうけるために、もとの分析者のところに戻ります。ところで彼の家へ行った所、おどろいたことに、人生の半分どころか、たった半時間しか、あれから経っていないことに気づいたのです。私はそのあとすぐ目を覚ましましたが、実際に時間は、私が寝る直前に時計を見た時から半時間しか経っていませんでした」。

この夢をみた婦人は、女医であったが、自分の女性的な生き方を押し隠して、日常は行動的で、まったく男性的な生活をしてきていたという。しかし、この夢をみる前日の分析の時間には、女性らしさがはっきりと言葉で述べられたものの、それでも分析者に逆らい、腹を立てて帰っていった。この夢にもそれが現れているが、そのあと、この女性はある男性を心から愛するようになり、彼のために生きたいと思うようになったのである。その夢の時間は半時間ほどであったが、その半時間は彼女が夢のなかで半生をかけて成熟してきた時間そのものなのである。

つまり、夢の時間とすると半時間であったけれども、夢のなかでの時間は、彼女の半生とその間の出来事に匹敵することに意味があるということである。この夢の時間について、ボスは、「この夢について、かんたんに彼女は時間としてはただ半時間の夢を見たのだとか、たんに時間が引きのばされた――つまり客観的には半時間の間におこったことが、夢の中では長く変えられたのだ、などと考えてはならない。こういう考えはすべて、量的なものと表象される、いわゆる客観的時間が、架空の夢の時間へ移調されたとみなす、ひとつの思弁である。こういう考えでは夢みた婦人の内的な、本来的な彼女自身の時間性というものが全く見すごされてしまう。そしてこの時間性こそ歴史的なものであり、まさに彼女自身がそれである彼女の歴史に対応するのである。（略）この夢には彼女が本来的に体験し、また彼女自身であるところの彼女の内的時間性、彼女の歴史、彼女の実存的な開けが開示されている」と説明する。

つまり、夢の時間においては、日常の時間とは異なって、夢みる者の歴史や実存が開示されるというのである。そして、通俗的な世界時間は夢の最後の目覚めのときにわずかに顔を見せるだけである。客観的な時間としての半時間は、本質的な意味では、「架空の物語の中の時間」同様に、彼女の実存全体に匹敵するということである。

さまざまな地域の物語の中での――一眠りして目が覚めると元の世界が何十年も経ってい

たという浦島太郎やワシントン・アーヴィングの『リップヴァン・ウィンクル』など――時間もまた、「たんに時間が引きのばされた」とか、「夢の中では長く変えられた」ということではなく、そのとき夢を見ていた者の、実存の状況が示されていると捉えるべきかもしれない。純粋な、夢というわけではないが、「架空の物語の中の時間」もまた、実存的な内的時間が表わされているからである。

また、ボスの挙げる別の女性は、自分の見た夢をこう語っている。

「わたしは牢屋の小部屋に閉じこめられていました。壁にはたくさんの時計がかかっていました。そこへひとりの罪人《アインブレッヒャー》が入ってきました。彼はねじ廻しを持って時計に近づき、それをこわしてしまいました。それで、チクタクという音こそ止まなかったが、針はそれにつれて動くのを止めてしまったのです。私はそのチクタクと言う音で、時計は一秒一秒と動いているのだが、本当の時間は止まっているということを感じました。それはなにか恐ろしい犯罪であり、私はぞっとするほど気味の悪い感じにおそわれました。部屋の外では時が経ってゆくのだが、部屋の中では時計の針は止っており、私の時間は先に進まないのです。外界の時は進んでいるが、私の時計は止っている。私は当惑して考え込みました」。

言うまでもなく、この夢は、侵入者《アインブレッヒャー》によって、彼女の生活史の生きた時間が流れることはなくなったことを意味している。彼女の内的な時間は止まっているのに、日常の世界時間は進み続けていることを語っているのである。このあと、この女性は、夢の中で、看守と女看守によって侵入者から助けられ、精神病院のようなところに入れられて、オーデコロンの臭いを嗅ぐと肉感的な心をそそられ、「男性」とのかかわりを見いだすようになった。そして、現実の生活を取り戻したと言うのである。

このように、夢の時間とは、覚醒時とは異なって、カメラとしての眼が世界を写しだした「記憶の陰画紙」に観念連合が働いて内的な時間意識が構成されたもので、夢見る者のその時その時の世界関係全体の性格が示されているのである。つまり、夢の時間性とは、夢の空間性と同様に、夢みる者の世界における実存的状況をつねに示しているのであり、日常の時間観念をもって捉えようとしても、決して捉えられないものである。

通常の時間概念では、現在が持続する中で一連の意識活動が働いて、それ自身としては内容のない時間という直観形式が、その時々の内容によってみたされると考えられている。しかし、われわれの夢における時間性とは、単なる形式的なものではなく、夢の世界の事物に対する夢見者の関わり方の特殊な性質に根ざしている。それが、「記憶の陰画紙」と観念連合に由来するのであり、メダルト・ボスが言うように「夢の出来事の時間というものは、つねに夢の中の事物がそれとして生起しうるか、あるいは生起しえぬかにかかわっていたが、またそれと共におなじくその有意義性にもかかわっている」ということなのである。つまり、そこでの時間は、「架空の物語の中の時間」と同様に、現実の世界とは別の世界の中で時を刻むのである。その時間をたとえれば、あと五分たったら猟をやめて家に帰るというような計量的・抽象的なものでなく、あと煙草一本吸ってから家に帰ろうというように、具体的な物とのかかわりから規定されているものなのである。これは、夢の時間の性質は、均質的・

計量的なものではなく、夢見る者の世界を開示するものであるということである。

いるのであるが、そのような夢とは異なった予言的な夢が存在することも、また否定するこ

予言的な夢と時間

「夢の時間」の意味は、これまで述べてきたように夢見者の事物に対する関わりに根づいているのであるが、そのような夢とは異なった予言的な夢が存在することも、また否定することはできない。この不可思議さは、テレパシーなどと同様、解明されていない謎ではあるが、事実として否定できないのである。

メダルト・ボスの『夢』の中には予言的な夢が幾つか紹介されているが、それを取りあげることにする。

その一つは、イギリスの文豪チャールズ・ディッケンズの夢で、彼は、ある時、赤いショールをまとった婦人の夢を見たというのである。その女性は、夢の中で「私はナピエです」と名乗ったが、ディッケンズは「ナピエというこの女性は、誰だろう。私はナピエ嬢などという人は知らないが」と自問自答した。それから数時間後に、二人の客がディッケンズを訪ねてきた。その一人が、赤いショールをまとった婦人をディッケンズに紹介した。その女性はナピエという名で、ディッケンズはそれまで全くその女性と会ったことはなかったというのである。

また、『ゲーテとの対話』の中にある、エッカーマンの体験した予言的な夢が記されている。一八二七年十月七日のゲーテとの対話の中でのことである。

「幼い紅雀を三羽飼っていました。」と私はいった、「私は、それを心からかわいがり、なによりも愛していました。紅雀たちは、私の部屋の中を自由に飛びまわり、私がドアを開けて、入っていくと、飛びついて来て、手に停まりました。ある日の昼ごろ、私が部屋に入っていくと、不運にも、この鳥の一羽が、私の頭上を越して家の外へ飛び出していったのです。どこへ行ったのか見当がつきません。私は、午後中、屋根にのぼって隈なく探しました。夕暮れになっても、影も形も見えないので、がっかりしてしまいました。小鳥のことを考えて、悲しい切ない気持ちのまま、私は眠り込んだのです。すると、朝がた、こんな夢を見ました。私は、近所の家々をまわり歩いて、見失った鳥を探していたようです。突然、その鳥の声を聞いて、見ると、私の家の小庭の裏にある隣家の屋根に、鳥がとまっています。私が誘いかけると、近くへ飛び降りてきて、餌を欲しそうに、こちらにむかって羽ばたきをするのです。けれども、私の手に降りるのをためらっています。そこで、私は急いで小庭を通って自分の部屋へ駆け込み、水で練った菜種の入った皿を取って来ました。この大好物を差し出すと、鳥は私の手の上に降りてきました。私は、大喜びして、その鳥を私の部屋にいる他の二羽のところへ連れ帰りました。

　こんな夢を見ているうちに、私は目を醒ましました。もう、すっかり日が高く昇っていたので、私は急いで着物をひっかけると、取るものも取りあえず、小庭を駆け抜けて、夢の中で鳥を見た家のほうへ行きました。すると、なんとびっくりしたことでしょう。実際に、鳥がいたのです。なにもかも、私が夢の中で見たとおりになったのです。鳥を誘うと、近くまでやって来ます。しかし、ためらっていて、私の手の上へ飛んできません。急いで家から餌を持ってくると、手の上に飛びのります。そして、私は、他の鳥のところへ連れて帰りました。」

このエッカーマンの話に、ゲーテは、こうしたことにはまだ納得のいく説明がつけられないが、たしかに不思議なことだと応えている。そして、人間は神秘の世界を彷徨《さまよ》っているが、その神秘のなかの何かと人間の精神は何らかの関係を持っているのだろう。そして、「特殊な状態にあるときに、われわれの魂の触角が、肉体の限界を乗り越えて、近い将来に対する予感、いや真の透視を起すことは、たしかだ」と答えているのである。

さらに、ボスの同書には、第一次世界大戦の発端となった一九一四年のサラエボでのフランツ・フェルディナンド大公暗殺事件にまつわる夢の話が記されている。

サラエボの司教ジョセフ・ラニイは、フェルディナンド大公の師をしていたことがあったが、その後も友としての親しい関係をつづけていた。ところが、司教は、その不幸な事件の起こる当日の未明、異変のおこる前に、かつての弟子が暗殺される夢を見たのである。

一九一四年六月二十八日の朝三時半に私はおそろしい夢からさめた。私の夢はこうだった。私は夢の中で、朝、とどいた郵便物に目を通そうと自分の机の方へ行くところだった。一番上に黒いふち取り、黒い封印、そして大公の紋章のついた一通の手紙があった。私はすぐその字が大公のものなのに気づいた。開いてみると便箋の始めに淡青色の、絵はがきのような絵があり、一筋の道路と一本の露地が、えがかれてあった。そして大公夫妻が自動車に坐られており、その前に将軍がひとり、運転手の横にはひとりの士官がいた。道路の両側には群衆がいる。とつぜん二人の若者がとび出して来て夫妻を撃った。夢の中の手紙の文章を言葉どおりに示すとこうである。

司教殿、ラニイ博士よ、

わたしと妻が今日サラエボで暗殺されることを伝える。あなたが敬けんなる祈りをささげて下さるよう……。

敬具

大公フランツ

サラエボにて、一九一四年六月二十八日、午前三時十五分

夢からさめた私はふるえ涙を流しながら、ベッドからはね起き、時計を見た。まさに三時十五分だった。私はすぐさま机に向い、夢の中で見、読んだことを書きとめた。そのさい私は大公が書いた文字の幾つかの形まで記しておいた。さて五時四十五分に召使いが入ってきた。私が蒼い顔でそこに坐り、祈りを捧げているのを見て『御病気なので

しょうか』と尋ねた。私は『すぐ母と泊っている客を呼んでくれ。これから大公殿下のためのミサをする。おそろしい夢を見たのだ。』と言った。それからみんなで礼拝堂へ行った。不安と恐怖のうちに時が過ぎて行った。そして午後の三時半頃に大公暗殺を報じる電報がとどいた。

メダルト・ボスは、さらに、「ウィーナ・ライヒスポスト」の記者のK氏が司教のこの記録に重要な補足を加えていることを記している。K氏は司教と話し合っているうちに、司教が目ざめたあと文章で夢を記しただけでなく、夢で見た情景すべてをスケッチし、二十八日のうちに、そのスケッチに二人の人にサインしておいてもらったことを知った。そして司教はこの夢についての手紙に、事件の露地、自動車、群衆、そして自動車に走り寄った瞬間の暗殺者の姿などのスケッチをそえて、兄にあたるジェスイット派の神父エドワード・ラニイに送ったのである。このスケッチは数日後に新聞社が発表した写真のシーンと全く一致していたというのである。

こうした予言の夢は、ゲーテの言うように、まだ納得のいく説明はついていないが、否定できない事実である。とはいえ、「いまだない」事件が、夢の中とはいえ、体験されたり認知されたりすることがあるのだろうか？　文学や怪奇譚であれば、最適なテーマかも知れないが、現実の出来事の報告として語られているようなことが、どうして起こりうるのか？

一つの考えとして言えることは、いまだない「未来」とは、まだ現在にはないけれども、どこか別の世界にすでにあって、それが現実になるのではないかということである。つまり、時間は過去の因果関係によって現在がもたらされ、現在の因果関係が未来を生みだすのではなく、すでにある未来が姿を現すのが現在だという考えである。

時間を空間化された流れの一種とすれば、時間は過去から流れるのではなく、未来から流れると考えた場合に、ゲーテの言うように、「特殊な状態にあるときに、われわれの魂の触角が、肉体の限界を乗り越えて」、すでにある未来を認知することはありえないことではないということである。

ボルヘスが言うように、「時間は過去から未来へ流れるというのが普通の考え方であるが、それとは逆の、ミゲール・デ・ウナムーノのスペイン語の詩句に定着されている方向のほうが非論理的というわけでもない」のであり、時間が過去から未来へ流れゆくのも、未来から現在に流れてくるのも、「どちらの考えも同等に真実らしく――また同等に立証不可能」なのである。

夜　時間の川は　永遠の
未来であるその源泉から
流れ……

そのとき、時間は、事物の変化（因果関係）によるものではなく、知の活動、すなわち

『移ろいやすい光、無限からのまなざし』ルドン版画集から。

「我は我自らを求めたり《エディゼーサメーン・エメオーウトン》」という活動によるものとすれば、知が求める最高原理の「一者《ト・ヘン》」（τὸ ἕν）から流れくるとも考えられるのである。

　そうであるからこそ、最高原理の「一者」の属性たる永遠は、夢の中で、すでにわれわれのものであると言えるのである。「直前の過去と直後の未来は、われわれの夢のなかで同時に流れている。目ざめているとき、われわれは継続する時間のなかを一定した速さで進む。ところが夢のなかでは、極めて庬大な領域を一気に跳び越える。夢を見るとは、覚醒時に見たものを整理し、そこから一つの物語または物語群を紡ぎだすこと」（ボルヘス）なのである。

参考文献

◆序章

『アウグスティヌス』「告白」山田晶訳（世界の名著14・中央公論社）

ニーチェ『ツァラトゥストラはこう語った』薗田宗人訳（ニーチェ全集第Ⅱ期第一巻・白水社）

マルクス・アウレーリウス『自省録』神谷美恵子訳（岩波文庫）

ショーペンハウアー『意志と表象としての世界』西尾幹二訳（中央クラシックス37）

H・G・ウェルズ『タイム・マシン』橋本槇矩訳（岩波文庫）

『アリストテレス全集3』「自然学」出隆、岩崎允胤訳（岩波書店）

『アリストテレス』「自然学」森進一訳（筑摩古典文学全集16）

E・フッサール『内的時間意識の現象学』立松弘孝訳（みすず書房）

『ヘロドトス』「歴史」松平千秋訳（筑摩古典文学全集10）

『シェイクスピアⅠ』「リア王」斎藤勇訳（筑摩古典文学全集41）

『道元（上）』寺田透他解説（日本思想体系12・岩波書店）

ポオ『ユリイカ』八木敏雄訳（岩波文庫）

プロティノス『エネアデス（抄）ⅠⅡ』田中美知太郎他訳（中公クラシックス50、51）

J・L・ボルヘス『永遠の歴史』土岐恒二訳（筑摩叢書）

J・L・ボルヘス『続審問』中村健二訳（岩波文庫）

◆第一章

『澁澤龍彦綺譚集Ⅰ』「撲滅の賦」（日本文芸社）

『アリストテレス』「自然学」森進一訳（筑摩古典文学全集16）

『完訳千一夜物語1』佐藤正彰他訳（岩波文庫）

J・L・ボルヘス『永遠の歴史』土岐恒二訳（筑摩叢書）

『ニュートン』「自然哲学の数学的諸原理」河辺六男訳（世界の名著26・中央公論社）

ガモフ『不思議の国のトムキンス』伏見康治訳（ガモフ全集1・白楊社）

カント『純粋理性批判㈠、㈡、㈢』天野貞祐訳（講談社学術文庫）

ベルクソン『時間と自由』中村文郎訳（岩波文庫）

滝浦静雄『時間——その哲学的考察』（岩波新書）

入不二基義『時間は実在するか』（講談社現代新書）

E・フッサール『デカルト的省察』浜渦辰二訳（岩

波文庫）
E・フッサール『内的時間意識の現象学』立松弘孝訳（みすず書房）
エルヴェ・ド・サン＝ドニ侯爵『夢の操縦法』立木鷹志訳（国書刊行会）

◆第二章

カント『純粋理性批判㈠、㈡、㈢』天野貞祐訳（講談社学術文庫）
カント『実践理性批判』豊川昇訳（角川文庫）
『プラトン全集12』「ティマイオス」種山恭子訳（岩波書店）
サー・トマス・ブラウン『医師の信仰・壺葬論』生田省悟、宮本正秀訳（松柏社）
R・K・ブルトマン『歴史と終末論』中川秀恭訳（岩波現代叢書）
J・L・ボルヘス『永遠の歴史』土岐恒二訳（筑摩叢書）
ニーチェ『権力への意志（下）』原佑訳（ちくま学芸文庫）
バートランド・ラッセル『意味と真偽性』毛利可信訳（文化評論出版）
ショーペンハウアー『意志と表象としての世界』西尾幹二訳（中央クラシックス37）
『ショーペンハウアー全集7』「意志と表象としての世界・続編㈢」有田潤他訳（白水社）
マルクス・アウレーリウス『自省録』神谷美恵子訳（岩波文庫）
J・L・ボルヘス『続審問』中村健二訳（岩波文庫）
『澁澤龍彦綺譚集Ⅰ』「三つの髑髏」（日本文芸社）
ハンナ・アーレント『革命について』志水速雄訳（ちくま学芸文庫）
E・H・カー『歴史とは何か』清水幾太郎訳（岩波新書）
『埴谷雄高全集1』（講談社）
『埴谷雄高全集3』（講談社）
プロティノス『エネアデス（抄）ⅠⅡ』田中美知太郎他訳（中公クラシックス50、51）
『アリストテレス全集3』「自然学」出隆、岩崎允胤訳（岩波書店）
『フランス名詩選』「海辺の基地」安藤元雄訳（岩波文庫）
ニコラウス・クザーヌス『学識ある無知について』山田桂三訳（平凡社ライブラリー）
ヘルマン・ロッツェ『形而上学概論』横島壮周訳（現代評論社）
J・L・ボルヘス『伝奇集』鼓直訳（岩波文庫）
細井勉著・訳『ルイス・キャロル解読――不思議の国の数学ばなし』（日本評論社）

稲垣足穂『人間人形時代』（工作舎）
都筑卓司『四次元の世界』（講談社ブルーバックス）

◆第三章

ディオゲネス・ラエルティオス『ギリシア哲学者列伝（上）』如来彰俊訳（岩波文庫）
エルンスト・ユンガー『砂時計の書』今村孝訳（人文書院）
澁澤龍彦『私のプリニウス』（青土社）
『プリニウスの博物誌』中野定雄、中野里美、中野美代訳（雄山閣）
メルヴィル『白鯨（上）』八木敏雄訳（岩波文庫）
『聖書』新共同訳（日本聖書協会）
『定本　吉田一穂全集Ⅰ』（小沢書店）
J・L・ボルヘス『創造者』鼓直訳（岩波文庫）
ヨハン・ベックマン『西洋事物起源㈠』特許庁内技術史研究会訳（岩波文庫）
『シェイクスピアⅡ』「十二夜」小津次郎訳（筑摩古典文学全集42）
アダム・ハート＝デイヴィス『時間の図鑑』日暮雅道監訳（悠書館）
ジョー・マーチャント『アンティキテラ　古代ギリシアのコンピュータ』木村博江訳（文春文庫）
平田寛『錬金術の誕生　科学史とその周辺』（恒和出版）
澁澤龍彦『ヨーロッパの乳房』（立風書房）

◆第四章

スティーブン・W・ホーキング『ホーキング、宇宙を語る』林一訳（ハヤカワ文庫）
稲垣足穂『人間人形時代』（工作舎）
J・L・シンジ『相対性理論の考え方』中村誠太郎訳（講談社ブルーバックス）
都筑卓司『四次元の世界』（講談社ブルーバックス）
稲垣足穂『遠方では時計が遅れる』（多留保集6・潮出版社）
『ガモフ全集1』「不思議の国のトムキンス」伏見康治訳（白楊社）
稲垣足穂『僕の〝ユリーカ〟』（レグルス文庫・第三文明社）
磯部琇三『宇宙はこうして発見された』（kawade夢新書・河出書房新社）
佐藤文隆『宇宙のしくみ』（朝日文庫）
スティーブン・W・ホーキング『ホーキングの最新宇宙論』佐藤勝彦監訳（日本放送出版協会）
ジェイムズ・D・スタイン『不可能、不確定、不完全』熊谷玲美他訳（ハヤカワ文庫）

◆第五章

吉田健一『時間』（講談社文芸文庫）

J・L・ボルヘス『詩という仕事について』鼓直訳（岩波文庫）
セルバンテス『ドン・キホーテ』牛島信明訳（岩波文庫）
『澁澤龍彦綺譚集Ⅱ』（日本文芸社）
スタニスラス・クロソウスキー・ド・ローラ『錬金術図像大全』磯田富夫、松本夏樹訳（平凡社）
アンリ・バルビュス『地獄』田辺貞之助訳（岩波文庫）
メダルト・ボス『性的倒錯』村上仁、吉田和夫訳（みすず書房）
H・G・ウェルズ『タイム・マシン』橋本槇矩訳（岩波文庫）
澁澤龍彦『思考の紋章学』（河出書房新社）
泉鏡花『鏡花全集11』「草迷宮」（岩波書店）
三島由紀夫『小説とは何か』（新潮社）
澁澤龍彦『胡桃の中の世界』（青土社）
J・L・ボルヘス『続審問』中村健二訳（岩波文庫）
稲垣足穂『僕の〝ユリーカ〟』（レグルス文庫・第三文明社）
稲垣足穂『男性における道徳』（中央公論社）
稲垣足穂『人間人形時代』（工作舎）
シラノ・ド・ベルジュラック『日月両世界旅行記』赤木昭三訳（岩波文庫）
ジュール・ヴェルヌ『月世界旅行』高山宏訳（ちくま文庫）
スティーブン・W・ホーキング『ホーキングの最新宇宙論』佐藤勝彦監訳（日本放送出版協会）
フィリップ・K・ディック『ゴールデン・マン』浅倉久志ほか訳（ハヤカワ文庫）
安部公房『第四間氷期』（新潮文庫）
『E・A・ポオ全集1』「鐘楼の悪魔」野崎孝訳（東京創元社）
『アウグスティヌス』「告白」山田晶訳（世界の名著14・中央公論社）
呉茂一『ギリシア神話』（新潮社）
K・ケレーニイ『ギリシアの神話』植田兼義訳（中公文庫）
ヘシオドス『神統記』廣川洋一訳（岩波文庫）
ニコラ・フラメル『象徴寓意図の書・賢者の術概要』有田忠郎訳（ヘルメス叢書①・白水社）
ルーイス・キャロル『不思議の国のアリス』岩崎民平訳（角川文庫）
細井勉著・訳『ルイス・キャロル解読――不思議の国の数学ばなし』（日本評論社）
ルーイス・キャロル『鏡の国のアリス』岡田忠軒訳（角川文庫）
キケロー『友情について』中務哲郎訳（岩波文庫）

◆第六章

『唐代伝奇集1』前野直彬編訳（平凡社東洋文庫）
フロイト『夢判断（上）』高橋義孝訳（新潮文庫）
『南方熊楠全集7』「土宜法竜宛書簡」（平凡社）
スティーヴン・ラバージ『明晰夢』大林正博訳（春秋社）
エルヴェ・ド・サン＝ドニ侯爵『夢の操縦法』立木鷹志訳（国書刊行会）
メダルト・ボス『夢』三好郁男、笠原嘉、藤縄昭訳（みすず書房）
エッカーマン『ゲーテとの対話（下）』山下肇訳（岩波文庫）
J・L・ボルヘス『続審問』中村健二訳（岩波文庫）

あとがき

時間についての本を書こうと思ったのは、J・L・ボルヘスの『永遠の歴史』を読んだときの新鮮な驚きがあったからである。

それまでの時間論といえば、大半が哲学という分野に限られたものか、宇宙論に見られる相対論の分野のものであった。これらの時間論は、私にとってあまりにも堅苦しく、味気ない印象があった。ニュートンの「絶対時間」は、面白みの欠けた、常識的なものと思われた。カントの「直観形式としての時間」は、思考様式を超えることの不可能性を語っていて興味深かったが、難解な論理の連続であった。ベルクソンの「純粋持続」は瞬間としての時間は空間的なものではなく、持続であると語っている点で同感できたが、フッサールの「今の意識」が「過去把持」と「未来把持」によって構成されたものとする「内的時間」を知るに及んで納得は得られた。これに対して、アインシュタインの「相対性理論」は、ニュートンの「絶対時間」を徹底させた物理的時間といえるものだった。

そうした既成の時間論と異なり、ボルヘスの時間論は、時間が文学的に扱われながら、観念論哲学を踏まえたものであり、また、数学の無限にもおよぶことに精神が打たれたような衝撃があった。別の言葉で言えば、時間を「詩と論理の両面」から捉える興味深さを教えられたのである。アリストテレスを見てもわかるように、もともと哲学とは、人間に関わる百科全般にわたる広大な領域の学問のはずであった。そう考えると、ある意味、時間とは、文学でも、哲学でも、数学でも語られなければならない多様な容貌を持っているのではないかと思われたのである。

　ボルヘスの時間論は、バークレーの認識論を基礎として、プロティノスのイデアの世界における無限集合を数論の世界に見立て、時間の無限性を数論からアプローチするものであったが、同時に、無限の世界を詩的イメージとして、「バベルの図書館」や「八岐の園」に見事に文学化するものであった。そして、われわれの感覚には捉えられない無限が、イデアの世界の写像として語られる経緯が推理小説の謎解きのような面白さともなっている。しかも、イデアの世界が成り立ちうるかどうかという、ゲーデルの不完全性定理の文学的アプローチといっても過言ではないような側面もあるのである。

　それ以前に読んでいた稲垣足穂の『宇宙論入門』では、これまた、文学でありながら相対論を扱うという離れ業がおこなわれていたが、この本と、ジョージ・ガモフの『不思議の国のトムキンス』が私のバイブルであった時期もあった。この稲垣足穂とガモフの相対論の世界における時間もまた、ボルヘスとは別の意味で独特の容貌を見せていた。四次元時空連続体や相対論の世界の説明が、数式ではなく比喩的に説明されていたのである。

　ボルヘスの〝時間と無限の文学化〟の面白さに気づいて、ポオの散文詩『ユリイカ』、H・G・ウェルズの『タイム・マシン』、澁澤龍彥の小説群を読みかえしてみると、それぞれの作家の文学化された時間の形がそれぞれの容貌を持って輝いてきたのである。ウェルズが旅行する百万年の時間も、澁澤の円環の中心に子宮回帰願望を抱えた迷宮のような時間も、哲学や物理学とは違った、自由に想像した時間のかたちの面白さがあった。安部公房の『第四間氷期』には、現在を審判する裁判官のような未来の容貌が描かれている。そのような未来が、もし現在に入り込んできたとすると、『ターミネーター』の1、2のような世界となるのかもしれない。また、日常がどのようなものかと諷刺したポオの『鐘楼の悪魔』には、時間のもつ意味が、きわめて滑稽に描かれている。同様に、ナンセンスな要素を持ちながら、その裏に数学的思考を忍ばせている『不思議の国のアリス』にボルヘスとは異なった意味で、数学的アプローチがあることに気づいたのも新たな発見であった。そうした時間のさまざまな容貌を想像するのは楽しいことであり、それを本書でまとめてみようと思ったのである。

いずれにしても、ボルヘスに触発されて、時間の容貌をとらえようとする意図から始まった作業であるから、本書のタイトルも、ボルヘスの『夢の本』『砂の本』に倣って『時間の本』とした。ちょうど、執筆に取り掛かったころ、アダム・ハート＝デイヴィス著『時間の図鑑』という翻訳本が出版され、その原題が〝THE BOOK OF TIME〟と知っていささか困惑した。同じ内容なら執筆を断念しようと思いつつ、その本を見てみると、イラストや写真がふんだんに盛り込まれた図鑑で、現代科学から捉えた時間が中心になっており、私の時間を描こうとする意図とは大きく異なっていた。

ボルヘスの小説は、無限集合論とイデア論を結びつけた観念を比喩的に描いた難解さをもっているが、その論理的思考を詩的想像に結びつけるものとして夢を位置づけている点も、瞠目すべきことであった。

わが国において独特な位置を占める埴谷雄高もまた、ボルヘスとは異なったベクトルで、カントの先験的仮象を越えたところに無限を捉えようとした作家であるが、ボルヘス同様に無限を語り、夢を通して無限に至ろうとしていることには同じ方向性があると思われた。埴谷は、実体や物自体を越えた概念を持ち出しているが、本書では埴谷の存在論には深くかかわらなかった。ただ、この両者の知の位置づけは、人間には「無限なるものを考えることはできない」とするエドガー・アラン・ポオの知の位置づけとは、ある意味で対局と言えるものであるが、そのいずれもがわれわれの思考であると考えるとき、そのいずれをも、私は否定することができなかった。われわれの知が無限とかかわることをどうとらえるかが、永遠を見るとはどういうことかが、その違いと思えるからである。つまり、われわれは、ある意味無限を知っているとも言えるし、ある意味知らないとも言えるということである。

そして、ボルヘス、埴谷、ポオの三者は、いずれも、われわれが無限を捉え得るのか、捉え得ないのかという点については、捉えうるとすれば夢を通して捉えうるとしているのである。夢で無限を見ることができるというのであるが、それは、私のもう一つの課題とも言えるものである。

ところで、時間のさまざまな容貌を文学や哲学や数学を介して捉えることを目指しながら、私自身の性癖から、時計というオブジェにも触れないわけにはいかなかった。小説における時間と現実社会の時間とは全く異なったものであり、現実において時間を表わす時計というオブジェとなるとさらに別の話なのであるが、それについても無視することはできなかったのである。時計にはさまざまな歴史があり、その原理も異なっているが、それを無視することができなかったのは、おそらく、私のオブジェ嗜好ということに由来するのかもしれない。

また、本書が多くの引用文によって成り立っているのも、私のもう一つの癒しがたい性癖によるものである。以前、引用句について、私は、モンテーニュが『随想録』で述べている二つのスタイルの――「その中から他人のものを除いたならば白紙になってしまう」と言われたクリシッポス型と他人の引用は全著作に一カ所もないと言われたエピクロス型という――分類に従えば、間違いなくクリシッポス型であると書いた覚えがあるが、そのスタイルはいまだに治っていないのである。いやむしろその性癖はさらに昂じて、ボルヘス風に「シェイクスピアの引用をする者はシェイクスピアに他ならない」とでも言いたい気持ちにすらなっている。

おお、汝、そのスタイルはまだ治らぬか！

そんな次第で、本書は、私の著書というよりも、さまざまな著者の発言をまとめた〝時間についての座談会〟と言ったほうが相応しいかもしれない。その発言がうまくかみ合っていないとすれば、ひとえに司会者の力量不足によるものである。その司会の良しあしは別として、ここに出席して発言していただいている著作に関しては巻末に参考文献としてまとめて紹介させていただいて感謝の気持ちとしたい。

さらに、私の司会進行に関して、軌道修正していただいた国書刊行会の編集長礒崎純一氏にもお礼を申し上げる。

立木鷹志

著者略歴＊立木鷹志（たちき　たかし）
1947年生れ。著書に『接吻の博物誌』『媚薬の博物誌』『夢と眠りの博物誌』『夢の形をした存在のための黙示録』他。訳書に『大アルベルトゥスの秘法』『匂える園』『夢の操縦法』他。

時《じ》間《かん》の本《ほん》

二〇一三年一〇月二一日初版第一刷印刷
二〇一三年一〇月二五日初版第一刷発行

著　者　立木鷹志
発行者　佐藤今朝夫
発行所　株式会社国書刊行会
東京都板橋区志村一―一三―一五
電話〇三（五九七〇）七四二一
ＦＡＸ〇三（五九七〇）七四二七
http://www.kokusho.co.jp
印刷・製本　中央精版印刷株式会社
装　丁　間村俊一
ISBN 978-4-336-05754-9